회계 천재가 된 홍 대리

〈2〉

회계 천재가 된 홍 대리

2

수익성 개선

손봉석 지음

contents

홍현빈(홍 대리)

"파이프라인의 수가 중요한 게 아니라
흐름과 시스템이 중요한 거네!"

경력 7년 차 영업부 만년 대리. 동기들의 승진에 늘 기가 죽어 있다.

홍영호

"공시 자체가 ESG의 출발점입니다."

회계사. '쉽고 재미있는 회계'를 전파하는 데 힘쓴다.

박정석

"구체적이고 눈에 보이는 수치로 보고하란 말이에요!"

다산타이어 사장. 재무에 잔뼈가 굵어 임직원들에게 숫자의 중요성을
강조하지만 마음처럼 쉽지 않다.

소판매

"마른 수건도 다시 짜야 합니다."

영업본부장. 강자에게 약하고 약자에게 강한 인물.

공채원

"정말로 깨끗하다면 공개 못할 이유가 없죠."

생산본부장. 고집에 있어서는 국가대표급이다.

측정되지
않는 것은
관리되지 않는다

다산타이어 사옥 10층 회의실에선 오늘도 아침부터 임원 회의가 진행 중이다.

"한수자동차와의 계약 건도 따냈겠다, 프랑스와 미주 지역 계약 건도 마무리 단계겠다, 올해의 판매 목표는 무난히 달성될 것 같습니다."

"예상 순이익이 얼마죠?"

"네?"

영업본부장은 갑작스러운 박정석 사장의 질문에 주춤했다.

"판매목표만 세우고 순이익은 생각해 보지 않은 건가요? 작년에도 별로 좋아 보이지 않았고, 올해도 적자가 나지 않을까 걱정이 되는데 말입니다."

"그건 재무 부서에 한번 확인해 보겠습니다."

영업본부장은 시뻘게진 얼굴로 황급히 자료를 뒤적거릴 뿐 대답을 내놓지는 못했다. 지난주에 있었던 결산과 주주총회 때문에 그렇잖아도 심기가 불편해 있던 박 사장은 또 울컥 화가 치밀었다.

사실 박정석 사장이 취임한 뒤로 2년째 회사 순이익은 하락세를 기록하고 있었고, 작년에는 영업손실까지 발생했다. 주주총회에서 주주들은 당연히 이를 문제 삼았지만, 다행히 경영권을 방어할 만한 지분이 확보되어 있어서 경영진은 교체되지 않았다. 하지만 계속해서 손실이 이어진다면 사태가 어떤 식으로 악화될지 모를 일이기에 늘 불안했다. 직원들은 사장이니까 마음대로 할 수 있다고 생각하지만 사실 박 사장은 무엇 하나 자신이 마음대로 할 수 있는 일이 없음을 알고 있었다. 마음 같아서는 다 때려치우고 농사나 지으면서 살고 싶었다. 그러나 회사를 만들고 성장시키는 것처럼 회사 문을 닫고 농사를 짓는 일 역시 자기 마음대로 할 수 있는 게 아니었다.

박 사장은 재무자료를 일주일 단위로 꼼꼼히 살폈다.

"숫자는 거짓말하지 않아요. 손실이 나면 다 이유가 있는 법입니다. 원인을 알아야 해결 방안도 나오는 것인데 아직 원인도 파악되지 않았다는 겁니까?"

"내일까지 구체적인 데이터를 만들어서 보고드리겠습니다."

영업본부장은 끝내 대답을 내놓지 못하고 고개를 푹 숙였다.

영업본부장을 답답하다는 듯 쳐다보며 다그치던 박정석 사장은 이번엔 생산본부장 쪽으로 눈길을 돌렸다.

"생산본부는 어때요? 지난달에 파업도 있었는데 생산에는 문제없었어요?"

파업이란 단어에 순간 움찔했지만, 생산본부장은 이내 특유의 뚝심 있는 표정으로 입을 열었다.

"제출한 자료를 보시면 아시겠지만 파업에 상관없이 지난달, 그리고 이번 달 현재까지 예상을 훨씬 웃도는 생산 성과를 기록했습니다."

생산본부장의 말에 끄덕이며 자료를 훑던 박정석 사장이 순간 고개를 번쩍 쳐들었다.

"여기 비용 수치는 어떻게 뽑은 거죠?"

"네?"

생산본부장은 어떻게 답해야 할지 몰라 안절부절못하

며 말을 잇지 못했다.

"아니, 다들 왜 그러십니까? 이 자료들, 본인들이 만든 것 맞아요? 자기가 작성해 놓고 답변을 못 한다는 게 말이 되냐고요! 본부장이란 사람들이 부하 직원이 만든 자료도 제대로 검토하지 못하고 발표합니까? 숫자는 재무 부서에서만 다루는 것이라 생각하고 알려고도 하지 않는 것 같아요. 회계도 모르면서 어떻게 낭비를 줄이고 수익을 탄탄하게 통제할 수 있겠습니까?"

박정석 사장의 눈에는 임원들이 아무것도 모르는 것처럼 보였다. 그들은 회사가 왜 아픈지, 회사의 돈이 어디로 나가는지, 매출은 늘어나는데 손실은 왜 줄어들지 않는지 그 이유를 알지 못했다. 박정석 사장에게는 모두 뜬구름 잡는 소리만 하는 듯 보였고 숫자 위에서 일하는 직원은 보이지 않았다. 바쁘다는 이유로 숫자를 등한시해 오던 임원들은 박정석 사장의 날카로운 목소리에 일제히 머리를 조아렸다.

"백날 열심히 하겠다, 판매량 늘리겠다, 마케팅전략 보강하겠다, 이런 소리만 하면 뭐 해요? 그렇게 열심히 한 결과가 고작 영업손실이에요? 구체적이고 눈에 보이는 수치로 보고하란 말이에요!"

회의실 안은 살얼음판이 되었고, 흥분한 박 사장은 간신히 숨을 고르더니 내뱉듯 다음 말을 이었다.

"부서별로 올해 생산과 판매전략에 대한 보고서를 제출하고, 담당 임원은 다음 달에 직접 프레젠테이션 준비하세요."

박 사장이 회의실을 나가면서 회의가 중단되어 버리자 여태 꿀 먹은 벙어리마냥 앉아 있던 임원들 사이에서 볼멘소리가 흘러나왔다.

박정석 사장은 재무통으로 잔뼈가 굵은 사람이라서 구체적인 숫자가 아니면 믿지 않는 사람이었다. 그런 박 사장의 방식 때문에 숫자 알레르기가 있는 생산본부와 영업본부 임원들은 갈수록 죽을 맛이었다. 물론 박 사장은 박 사장대로 깊은 고민을 더해가고 있었다.

글로벌 1등 기업을 해부해 보면 모든 직원이 영업을 통해 한 해 벌어들이는 돈을 계산할 수 있을 정도로 숫자 경영을 실천하고 있다. 수치화할 수 없는 경영은 관리할 수 없고 그런 경영은 10년을 해도 주먹구구식일 수밖에 없다. 숫자를 거부하는 것이 회사의 이익에 도움이 되는 경우는 거의 없다. 열심히 일해도 숫자로 셈하지 않으면 돈은 뒤로 다 새버리기 때문에 장사꾼 자격이 없다는 것이 박 사장의 생각이었다. 회계장부가 앞으로 남기고 뒤로 밑지는 허튼 장사를 막아주기 때문이다. 또한 회계혁명이라고 하는 국제회계기준은 기업 환경을 알 수 없는 소용돌이로 몰아넣고 있었다. 그런데도 회사 임원들은 숫자 개념 없이 앵무새마냥 '열심히 하겠다'고만 하니 박 사장의 입에선 그저 한숨만 나왔다. 중요한 의사결정을 하는데 숫자를 검토하는 사람이 없다는 것에 놀랄 뿐이었다.

박 사장은 회의 때마다 '재무통을 키우겠다', '모든 경영전략은 숫자로 이야기하라'는 숫자 경영을 공개적으로 외치고 나섰다. 자연스럽게 회사에 큰 영향력을 끼치는 임원 자리 역시 '재무통'으로 채워졌다. 그에게는 숫자와 계산을 중시하는 자본주의와 중상주의 정신이 있었다. 그런데도 시간이 갈수록 비용은 올라가고 수익은 줄고 있다는 사실이 박정석을 힘들게 했다. 최근 1계급 특진과 큰 상금이 걸린 '수익성 개선을 위한 제안 제도'를 사내공모로 내건 것도 이 때문이었다. 나아가 "회계를 모르면 승진 자격이 없다"라고 공표하기까지 했다. 철저하게 성과와 실적을 바탕으로 조직을 구성해야 시장변화에 유연하게 대응할 수 있기 때문이었다.

사장실로 들어선 박정석 사장은 털썩 의자에 앉은 뒤

자신도 모르게 한숨을 내뱉으며 말했다.

"임원들이 이렇게 숫자에 약해서 어떻게 회사를 키우겠나?"

"사장님, 아무리 숫자 경영이 좋다 해도 재무를 전문적으로 공부한 사람이 아니면 이해하기 힘든 게 현실입니다."

재무이사조차 박 사장이 과도하게 숫자, 숫자 하는 것에 대해 부정적인 의견을 내놓았다.

"수익을 창출하고 원가경쟁력을 갖추려면 회계 수치에 밝아야 한다는 내 말이 틀렸단 말인가?"

박정석 사장의 입에서 조용히 한숨이 흘러나왔다. 알지 못하는 것보다 더 나쁜 건 자신이 알지 못한다는 사실조차 모른다는 것이다.

"아무래도 '숫자' 하면 재무팀에서 맡아 하는 일로만 생각하는 선입관이 있지 않습니까?"

재무이사가 핵심을 짚었다. 그랬다. 숫자를 바라보는 마음의 변화가 먼저였다. 앎은 깨달음에서 온다고 생각하는 박 사장은 알고도 실행이 안 된다는 말을 믿지 않았다. 실행이 안 되는 것은 진정으로 알지 못하기 때문이고, 실행하지 못하는 지식은 진짜 지식이 아니라고 생각했다. 진짜 지식은 머리가 아닌 가슴으로 알아야 하는데, 그 시작은

'관심'이라고 생각했던 것이다.

잠시 뭔가를 골똘히 생각하던 박정석 사장이 다시 재무이사에게로 시선을 돌렸다.

"전 임직원이 회계 마인드로 무장할 수 있는 방법이 없겠어요?"

난처한 표정의 재무이사를 보면서 박 사장은 가늘게 한숨을 내쉬었다.

사실 박 사장도 난감하기는 마찬가지였다. 자신도 20년 전 재무 쪽으로 발을 내디딜 때 '이렇게 딱딱하고 재미없는 걸 내가 왜 하고 있는 거지?'라는 생각에 그만두고 싶었던 적이 한두 번이 아니었기 때문이다.

마침 2분기 실적 보고를 받았다. 결과가 좋지 않았다. 원재료 가격 상승과 환율하락으로 다산타이어뿐만 아니라 코스닥 상장사 대부분의 실적이 악화되었다.

그러나 사막에서도 선인장은 피듯이 이런 상황에서도 실적이 좋은 회사는 있었다. 코스닥에 등록하고 단기간에 기업가치가 5배나 상승한 곳으로, 최영순 사장이 대표이사로 있는 회사였다. 최영순 사장이라면 박정석 사장과도 잘 아는 사이였다. 이미 고인이 된 최영순 사장의 남편과는 고향 친구였고, 회사가 어려울 때면 서로 도움을 주고받기도 했다. 그들은 사업을 하면서 서로의 답답함을 들어주는 대화 상대로 자주 만나며 가깝게 지냈다. 그러나 친구는 하늘나라로 떠난 지 수년이 지났고, 자연스레 최영순 사장과는 연락이 뜸해졌다.

그런 상황에서 최영순 사장에게 연락을 한다는 게 조금은 어색했다. 하지만 박정석 사장은 요즘 지푸라기라도 잡고 싶을 정도로 다급했고, 그런 심정은 최영순 사장을 친구의 분신으로 착각하게 만들 정도였다. 그래서 자신도 모르게 전화기를 들고 최영순 사장의 번호를 눌렀다. 특별한 경영기법을 물어보거나 꼭 무엇인가를 의논할 목적이 아니라, 친구 생전에 그랬던 것처럼 답답함을 토로하고 싶은 마음이 컸다.

"제수씨, 안녕하세요?"

최영순 사장의 목소리를 듣자, 박정석 사장의 입에서는 친구가 살았을 때 쓰던 호칭이 버릇처럼 툭 튀어나왔다. 수화기 너머로 최영순 사장의 당황한 듯한 침묵이 들려왔다. 수년 동안 누군가의 아내가 아니라 경영자로 살았던 최영순 사장에게 제수씨라는 호칭은 낯설게 느껴졌다.

박정석 사장은 자신의 실수를 주워 담기라도 하듯이 서

둘러 말을 이었다.

"아이고, 실례했습니다. 저 다산타이어 박정석입니다."

"아, 네. 안녕하세요?"

그제야 최영순 사장의 목소리가 부드러워졌다.

"이제 최영순 사장님이라고 해야 하는 건데 그만 실수를 했네요. 결례를 용서해 주세요."

"결례라니요. 오랜만에 듣는 호칭이라 오히려 반가운걸요."

몇 년간 교류가 없었음에도 생전의 남편과 박정석 사장 사이에 존재했던 끈끈함이 얼음 녹듯 순식간에 공백을 메웠다. 둘은 그동안의 안부를 묻고, 한 사람에게는 남편이었고 다른 사람에게는 친구였던 존재에 대해 이런저런 이야기를 나누었다. 그러나 훌륭한 사업가로 성장한 최영순 사장과의 통화답게 대화는 곧 사업 이야기로 접어들었다.

박정석 사장은 무척 흥미로운 이야기를 듣게 되었는데, 베스트셀러 『회계 천재가 된 홍 대리』의 주인공인 홍영호 회계사가 최영순 사장네 회사 출신이라는 것이었다. 회사를 나온 홍영호 회계사는 국내 최대 규모의 회계법인에서 일하고 있다고 했다. 회계사 본연의 업무를 위해서는 회계법인에서의 경험이 필요했기 때문이다.

조만간 한번 식사 자리를 마련하자는 약속을 남긴 채 최영순 사장과의 전화를 끊고는 박 사장은 비서에게 당장 홍영호 회계사를 초빙하도록 지시했다.

"언어를 알면 그 나라가 보이듯이 회계를 알면 기업이 보이는 법입니다. 회계라는 언어는 기업에서 가장 공통적인 의사소통 수단으로 사용되기 때문에, 회사의 커뮤니케이션이 숫자로 이루어질수록 소통과 업무 협조가 두 배 이상 빨라지기도 합니다."

홍영호는 처음 만난 박정석 사장 앞에서 회계에 대한 자신의 생각을 한마디로 요약했다.

홍영호 회계사는 자신이 대리 시절부터 계획해 왔던 것을 토대로 직원 교육을 진행하겠다고 했다. 회계 지식 전달만을 목적으로 하는 교육이 아니라 '회계는 비즈니스 언어'라는 명제를 토대로, 회사의 목표와 개인의 목표를 연결시키는 소통의 도구로 회계를 활용하는 방안을 알려주기로 한 것이다.

"맞아요. 그게 바로 제 생각입니다. 오랜만에 말이 통하는 사람을 만났네. 숫자 공부를 시켜줄 사람으로 아주 제격이야. 안 그런가?"

"네, 그…… 그러네요."

옆에 앉아 있던 재무이사는 마지못해 웃음을 지었다.

"홍 선생이라면 우리 회사 임직원들의 마인드를 숫자 마인드로 바꿔놓을 수 있을 거예요. 아무쪼록 잘 좀 부탁해요."

"네, 알겠습니다."

홍영호는 자신의 손을 덥석 쥐는 박정석 사장을 마주 보며 고개를 끄덕였다.

화장실 변기 앞에서 바지춤을 추스르던 소판매 영업본부장이 볼멘소리를 했다.

"이런 교육을 영업부까지 듣게 하는 이유가 뭐야? 아무리 사장님이 재무통이라도 이건 너무하지. 이 시간에 거래처 사람 한 명이라도 더 만나 매출 한 건 올리면 그게 정말 회사를 위한 일 아니야? 안 그래, 홍 대리?"

"아, 네……."

세면대에서 손을 씻던 영업부 홍현빈 대리는 영업본부장을 향해 어색하게 웃어 보였다.

"그래, 아이디어는 생각해 봤어?"

영업본부장은 홍현빈 대리에게 넌지시 떠보듯 물었다.

"네? 무슨……."

"사람하곤……. 게시판에 붙은 공모 말이야! 1계급 특진에 상금까지 준다는."

"아, 그거요? 아직……."

영업본부장은 머리를 긁적이는 홍 대리를 보며 답답해했다.

"홍 대리 동기들은 다 과장 달았지?"

"아…… 네."

"조 차장도 동기잖아. 누구는 차장까지 갔는데 자네는 언제까지 대리나 할거야? 이번에는 잘 해서 대리 좀 벗어나자. 그리고 재무부, 아니 최소한 생산부에는 밀리지 않아야 할 거 아냐!"

"네……."

영업본부장이 쉴 새 없이 말을 늘어놓으며 홍 대리와 함께 나가자, 그제야 겨우 화장실 안이 잠잠해졌다. 그런데 잠시 후, 아무도 없는 것 같았던 화장실에서 삐걱대는 소리가 울리더니 문이 열리고 홍영호 회계사가 나왔다. 세면대 앞으로 가 손을 씻는 홍영호의 얼굴에는 쉽지 않겠다는 듯한 표정이 스치더니, 이내 입가에 묘한 미소가 번졌다.

대회의실 입구에는 임직원들을 3개 조로 나눈 배치표가 붙어 있었다. 배치표에 따라 각자 조별로 자리한 임직원들의 표정은 시종 떨떠름했다. 박정석 사장이 친히 앞으로 나와 홍영호 강사를 소개할 때도, 사장의 인사말이 끝난 뒤 홍 회계사가 강단에 올라가 임직원에게 정중히 인사할 때도 그저 열심히 손바닥만 부딪치며 박수를 쳐댈 뿐 머릿속은 각자 딴생각들이었다.

특히 소판매 영업본부장은 혼자 전의를 다지고 있었다.

'미주 수출 건을 이달 내로 마무리 지어서 일단 생산부 녀석들 코를 납작하게 해줘야지.'

그 옆의 공채원 생산본부장은 잔뜩 인상을 찌푸리고는 속으로 생각했다.

'아무리 좋은 물건 싸게 만들어서 내놓으면 뭐 하나? 영업을 못하는데……'

그들은 쓸데없이 마련한 회계 교육에 불편한 심기를 드러내는 눈치였다.

재무담당 직원이 강사 소개를 끝내자 홍영호는 간단한 인사말 후에 준비한 파워포인트 자료를 넘겼다.

"요즘은 숫자 경영이 더욱 중요해지고 있습니다. 최근에는 비용과의 전쟁을 선포하는 회사가 늘어나고 있는데요,

매출을 올리느냐 비용을 줄이느냐의 선택에서 상대적으로 비용을 줄이는 방법을 강조하고 있는 경우가 많습니다."

그 순간 딴생각에 빠져 있던 영업본부장이 눈을 번쩍 떴다.

"저 친구 뭘 좀 아네. 그렇지. 제일 큰 문제는 바로 비용이지. 생산원가."

옆자리에 있는 생산본부장을 의식하며 영업본부장은 일부러 혼잣말처럼 중얼거렸다.

이에 질세라 생산본부장도 냉큼 한마디했다.

"그럼, 비용이 문제고말고. 매출 한 건 올린답시고 영업비를 너무 써대니…… 문제야, 문제."

영업본부장과 생산본부장이 슬쩍 눈길을 부딪쳤다가 이내 '에헴' 하고 헛기침을 하며 다시 강단 쪽으로 시선을 돌렸다.

숫자가 나올 때는 머리가 지끈거려 집중하지 못했던 홍현빈 대리는 '숫자 경영'이나 '비용과의 전쟁'에 대한 이야기는 들은 바 있던 터라 좀 전과는 다른 태도로 강사의 말에 고개를 끄덕이고 있었다.

"오늘 강의를 시작하기 전에 우선 회계를 배워야 하는

이유에 대해 짚어보아야 할 것 같습니다. 회계는 회계사나 회계실무자들한테나 필요한 거지, 왜 회계와 관련 없는 부서까지 회계를 공부해야 하는 걸까 생각하고 계실 텐데요."

홍 회계사는 운을 떼며 새삼 임직원들을 둘러보았다. 이번 교육의 필요성을 잘 모르겠다는 듯이 '무슨 꼬투리 잡을 것 없나' 하는 얼굴로 자신을 쳐다보는 임직원들을 바라보며, 홍 회계사는 여유 있게 다음 말을 이어갔다.

"회계는 경영을 숫자로 표시해 놓은 것입니다. 그런데 왜 경영은 꼭 어려운 숫자로 표시해야만 할까요?"

경영을 말로 설명하는 것은 쉽지만, 어떻게 숫자로 경영을 말할 수 있는가는 쉬운 문제가 아니었다. 잠시 침묵이 이어지더니, 서로 눈치만 보며 주뼛거리던 사람들 사이에서 대답이 나왔다.

"얼마나 장사를 잘했는지 보려는 거죠!"

"재산이 얼마나 늘었는지 확인하려고요!"

"투자자들에게 알려주려고요!"

여기저기서 대답이 터져 나오자 홍 회계사는 그제야 입가에 웃음을 머금은 채 고개를 끄덕였다.

"네, 모두 맞습니다. 지금까지 말씀하신 것을 한마디로 요약하면 어떻게 될까요? 그게 바로 회계를 공부해야 하는 이유, 즉 회계의 목적입니다. 목적을 모르면 공부가 제대로 될 수 없겠죠?"

질문이 어려웠던지, 직원들은 번번이 홍영호와 눈이 마주칠 찰나에 시선을 돌렸다. 결국 방심하고 있던 홍현빈 대리의 눈이 홍영호의 눈과 마주쳤다. 순간 움찔 놀란 그는 자신을 쳐다보는 홍영호를 마주 보며 꿀꺽 침을 삼키곤 겨우 입을 뗐다.

"고객이 있어서 그런 것 아닙니까?"

홍영호는 고객이라는 단어에 흥분을 감추지 못하고 박수를 쳤다. 영업팀 출신이었던 그에게 '고객을 위한 회계'는 가슴 깊이 자리 잡은 개념이었다.

홍영호의 첫 번째 스승이었던 신성훈 부장은 비즈니스를 할 때 '우리의 고객이 누구인가?'를 가장 먼저 물어야 한다고 했다. 처음 신성훈 부장으로부터 '고객을 위한 회계'라는 말을 들었을 때는 영호도 전혀 이해하지 못했다. 하지만 시간이 갈수록 '고객을 위한 회계'는 영호가 회계사로서 가야 할 길을 알려주는 나침반이 되었다. 강의에서 이런 대답이 나왔다는 사실에 홍영호 회계사는 기쁨을 넘어 흥분을 느꼈다.

"맞습니다. 제가 지금까지 들었던 답변 중에서 가장 정확했습니다. 모든 물건과 서비스는 고객이 있기 때문에 만드는 것입니다. 그리고 경영을 숫자로 표시한 회계 역시 우리 회사의 경영에 대해 알고자 하는 고객이 있기 때문이죠. 그럼 회사에 대해 알고 싶어 하는 고객에는 누가 있을까요?"

"주주! 맞죠?"

"임직원이겠죠!"

"국세청!"

여기저기서 대답이 나오면서 수업 분위기가 조금씩 풀리자 홍영호는 기분이 좋아졌다.

"네, 방금 말씀해 주신 모두가 회계의 고객입니다. 또 채권자나 회사의 거래처도 고객이 될 수 있습니다. 그렇다면 이러한 고객들이 회계를 제대로 활용하고 있을까요?"

홍영호는 손가락을 치켜세우며 강조하듯 큰 소리로 물었다. 임직원들은 선뜻 대답을 못 하고 갸웃거리며, 그의 설명을 기다렸다.

"아마 주주나 채권자, 금융기관, 국세청은 회계자료를 잘 이용하고 있을 겁니다. 그러나 여기 계시는 임직원 분들은 회계에 대해 잘 모를 뿐만 아니라, '대체 내가 왜 회계를 알아야 되는 거야? 왜 이 시간에 이런 강의를 들어야 하지?' 생각하고 있겠죠? 재무제표 작성은 일회성 이벤트 정도로 생각하고 계실 테니까요."

홍 회계사의 말을 귀담아듣고 있던 홍현빈은 자기 얘기를 하는 것 같아 슬쩍 시선을 내리깔았다. 홍 회계사는 계속 말을 이어 나갔다.

"오늘부터 4주간, 각 조별로 회사를 설립하고 모의 경영을 할 겁니다. 사업을 하려면 회사의 목표를 설정하고 임직원들의 업무를 분담해야겠지요? 10분을 드릴 테니 조별로 회사 이름과 숫자 경영에 근거한 회사의 목표를 정해주시기 바랍니다. 사람은 자신이 세운 목표 정도밖에 달성하지 못한다고 합니다. 바꿔 말하면 당장 실패한다 하더라도 목표는 높게 설정하자는 것입니다. 또 업무를 분담해 각자 맡은 직책과 성함을 앞에 있는 이름표에 써주세요."

경영의 성패는 나침반이 될 경영지표가 무엇인지에 따라 결정된다. 경영을 숫자로 바꾸지 않고서는 경영을 측정할 수 없고, 측정할 수 없는 것은 관리할 수가 없다. 숫자 경영 지표를 어떻게 설정하느냐에 따라 회사는 가고자 하는 방향으로 갈 수도 있고 엉뚱한 방향으로 갈 수도 있다. 경영을 회계적으로 바라보는 일은 건너뛰고 싶지만 사업을 하면서 빠뜨려서는 안 될 의무였다. 그래서 영호는 모의 경영 수업의 출발을 '숫자 경영 목표 수립'으로 삼은 것이다.

영호의 말이 끝나자 조별로 열띤 논쟁이 벌어졌다. 농담으로 일관하는 사람도 몇몇 있었으나, 대부분은 정말 자신이 회사를 세우는 것처럼 회사의 목표에 대해 각자의 생각을 말하며 서로 의견을 교환했다.

홍현빈 대리가 속한 1조는 영업본부장, 생산본부장 등 절반 이상이 임원이라 어떻게 조를 구성해야 할지 난감했다.

영업본부장이 먼저 입을 열었다.

"CEO는 아무래도 연륜과 경력을 고려해서⋯⋯."

"나이 많은 게 자랑도 아니고⋯⋯ 젊은 감각이 낫지 않겠어요?"

생산본부장이 영업본부장의 말을 가로막고 나섰다. 한 살 어린 그가 가만있을 리 없다. 박정석 사장을 제외하고 회사 안에서 자신의 아부가 먹히지 않는 유일한 인물인 공채원 생산본부장이 영업본부장에게는 눈엣가시 같은 존재였다.

"그러면 생산본부장님이 CEO가 되고 싶다는 건가요?"

영업본부장이 날을 세우자, 생산본부장은 슬쩍 한발 물

러섰다.

"시뮬레이션 교육 아닙니까. 구태의연한 생각은 버리자, 이거죠."

"그럼 생산본부장님 생각은, 여기서 가장 어린 재무부오 대리가 CEO를 해야 한다는 말씀이네요? 연륜과 경력에 상관없이?"

영업본부장이 쏘아붙이자, 생산본부장도 어디 한번 해보자는 식으로 나갈 수밖에 없었다.

"뭐, 그러던가요."

"좋아요. 그럼 오영탁 대리가 우리 조의 CEO를 하세요."

"네? 제가요?" 교육시간 내내 졸린 눈을 비비고 있었던 재무부 오 대리는 결국 그렇게 얼렁뚱땅 CEO가 됐다.

CEO를 정하자 영업본부장이 말했다.

"전 영원한 영업인입니다. 아무리 시뮬레이션이라 해도 근본은 무시할 수 없는 거죠. 뭐, 생산본부장님은 다를 수도 있겠네요. 그 부서야 원체 의견들이 분분하니까요."

영업본부장이 생산본부장에게 던진 말은 지난달 생산본부 관할 부서에서 생긴 파업을 가리킨 것이었다. 그 일로 생산본부장은 사장과의 관계가 껄끄러워졌을 뿐 아니라 사내 입지 또한 좁아졌다. 그렇다 보니 지금처럼 무슨 약점이라도 잡은 듯 은근슬쩍 파업 얘길 꺼내는 영업본부장이 생산본부장의 입장에서는 더욱 얄미웠다.

"저 역시 근본은 무시할 수 없다는 데 동감합니다."

생산본부장은 거북한 기분을 억누르며 한마디 내뱉곤 입을 다물어버렸다. 이때 잠자코 임직원들 사이를 돌아다니며 토론 상황을 지켜보고 있던 홍 회계사가 나섰다.

"업무 분담을 할 때는 가능하면 현재 맡고 계신 일이 아닌 다른 부서의 일을 맡아주시기 바랍니다."

1조의 CEO가 된 오 대리는 난처한 얼굴을 하고 영업본부장과 생산본부장을 쳐다보았지만 두 사람 모두 시선을 돌리며 딴청을 피울 뿐이었다. 결국 영업본부장은 본인의 주장대로 영업이사를, 생산본부장 역시 고집을 꺾지 않고 생산이사를 맡기로 했다.

"저기, 그럼 나머지 분들도 업무 분담을 하셔야 할 텐데……."

슬그머니 말꼬리를 돌리는 오 대리를 보면서 현빈은 앞으로의 교육이 사뭇 걱정됐다. 결국 원래 영업 담당인 홍현빈은 재무이사를 맡았고, 나머지 직원들은 영업과 생산의 실무책임자로 내정됐다.

10분이 흐르고, 임직원들은 조별로 결정한 회사의 이름과 숫자 경영 목표, 각자 맡은 업무를 기록하여 벽에 붙였다. 형형색색으로 회사 이름을 쓰고 그림도 그려 넣는 등 모양을 낸 조도 있었고, 반듯한 글씨로 보고서를 쓰듯 작성한 조도 있었다.

본격적인 수업에 앞서 영호는 화이트보드에 표를 하나 그렸다.

"회사를 경영하는 데에는 자금이 필요합니다. 경영 흐름은 그림에서 보는 것처럼 시계 반대 방향으로 흐른다는 사실을 잊지 말고 꼭 기억해 주시기 바랍니다."

이 표는 영호가 허준 회계사로부터 받은 영감을 바탕으로 만든 것이다. 얼핏 보면 일반적인 재무제표 양식과 다를 것이 없어 보이지만, 회계에 대해 어느 정도 아는 사람이라면 완전히 다른 개념이라는 것을 알 수 있는 표였다.

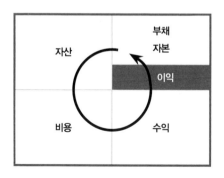

바탕이 되는 재무제표야 흔히 보던 것이지만, 그 안의 원은 아무나 그릴 수 있는 게 아니었다. 경영 흐름을 완전히 이해하고 회계와 연결시킬 수 있어야만 그릴 수 있는 것이었다.

이는 회계사가 되기도 전에 이미 허준 회계사로부터 배우고 터득한 노하우로, 영호는 늘 이 그림을 강조해 왔다.

임직원들은 그의 설명에 귀를 기울였다.

"이제 각 조별로 회사의 목표를 들어보겠습니다. 어떤 조부터 발표를 해볼까요?"

서로 눈치만 보며 아무 말도 하지 않는 임직원들을 보자 영호는 그럴 줄 알았다는 듯이 곧바로 다시 말을 이어갔다.

"그럼 1조부터 설명을 해보겠습니다. 다른 조도 순서대로 답변을 할 건데 아마 처음에 하는 게 더 쉬울 겁니다. 갈수록 어려운 질문이 나오거든요."

첫 타자인 1조의 CEO 오영탁 대리가 주뼛주뼛 앞으로 나와 회사의 목표에 대해 이야기했다.

"저희 조는 회사 이름을 '㈜유일무이'라고 지었습니다. 유일무이한 제품을 만들어보자는 취지고요. 회사의 목표는 '임직원이 일하고 싶은 회사를 만들자'입니다. 그래서 투명 경영을 하자는 목표를 세웠습니다. 일하고 싶은 회사를 만들려면 '내 회사'라는 인식이 있어야 하는데 이를 위해서는 투명 경영이 필요하기 때문입니다."

"아주 어려운 목표를 세우셨네요. 가능하시겠어요?"

홍영호의 물음에 1조 조원들은 서로 힐끔힐끔 눈치를 보다가 이윽고 별수 없다는 듯 일동이 크게 대답했다.

"네!"

뒤이어 2조와 3조의 CEO가 경영 목표를 발표했다.

"저희 2조의 회사 이름은 '㈜주주주인'입니다. 주주 중심의 경영을 목표로 하고, 이를 위해 많은 이익을 창출해 이익이 주주들에게 돌아갈 수 있도록 경영전략을 수립하기로 했습니다."

2조의 발표처럼 기업이 주주의 부를 극대화하는 것은 결국 주식회사의 본질적인 목적이었다. 그러나 한편으로 주가는 기업의 펀더멘털(Fundamental, 주요 거시경제지표)보다는 시장의 변덕스러운 기대와 상상에 의해 좌우되기 때문에 주주자본주의는 심각한 도전을 받고 있었다.

2조의 CEO 고춘삼 인사본부장의 발표가 끝나자, 3조의 CEO인 이자금 재무본부장이 의기양양한 미소를 지으며 앞으로 나왔다.

"3조 '㈜언제나대박' 회사의 목표는 시장점유율 50퍼센트 달성입니다. 시장점유율을 높이기 위해 생산성과 매출액을 매년 100퍼센트씩 성장시키는 구체적인 방안까지도 생각해 둔 상태입니다."

"네, 수고하셨습니다. 그럼 수고해 주신 각 조의 CEO들께 모두 박수 보내주시기 바랍니다."

홍영호의 말에 직원들은 일제히 박수를 쳤고, 각 조의 CEO들은 그 순간만큼은 마치 실제로 CEO가 된 듯 으쓱해졌다. 그러나 한편으로는 실제 CEO처럼 짊어져야 할 짐이 느껴지는 듯 어깨가 무거워지기도 했다.

부자는
모두
가계부를 쓴다

홍 회계사는 각 조의 경영 목표를 확인한 후에 좌중을 둘러보며 물었다.

　　"3조는 특별히 경영 목표를 시장점유율과 매출액으로 잡으셨는데, 여기서 제가 다시 한번 질문을 드리겠습니다. 집에서 가계부 쓰시는 분 혹시 있습니까?"

　　홍영호의 물음에 손을 드는 사람은 한 명도 없었다. 가계부를 쓰기 귀찮아서 건성건성 작성하거나, 또 처음부터 너무 복잡하게 작성하다가 실패한 경험을 가지고 있는 듯했다.

　　"그럼 다른 질문을 한번 해보겠습니다. 부자가 되고 싶습니까?"

이번 질문에는 모두 크게 대답하거나 고개를 끄덕였다.

"제가 비밀을 한 가지 알려드리죠. 바로, 부자는 모두 가계부를 쓴다는 겁니다. 가계부를 쓴다고 모두 부자는 아니지만, 부자들은 모두 가계부를 씁니다. 즉, 가계부를 쓰지 않으면 부자가 될 수 없다는 거죠. 가계부를 기록한다는 것은 과거를 기록하는 미래지향적인 행동이기 때문입니다."

홍 회계사의 설명에 좌중은 수긍한다는 듯이 고개를 끄덕였다.

"그런데 여러분만 부자가 되고 싶습니까? 아니죠. 회사도 부자가 되고 싶습니다. 회사도 목표를 세우고 가계부를 써야 하는 겁니다. 재무제표가 바로 회사가 쓰는 가계부인 셈이죠. 1조 CEO님, 재무제표엔 뭐가 있습니까?"

또다시 돌아온 갑작스런 질문에 오 대리는 순간 당황해 헛기침을 한 번 하고는 대답했다.

"대차대조표, 손익계산서, 이익잉여금처분계산서, 그리고…… 현금흐름표가 있습니다."

"정답입니다! 재무 담당이라고 하셨죠? 역시 재무부라 다르시네요. 네, 그런데 말씀하신 것은 중소기업회계기준에서 규정하고 있는 것이고요. 다산타이어는 상장된 회사라서 국제회계기준이 적용되는데 용어가 조금 다릅니다. 대차대조표는 재무상태표로, 손익계산서는 포괄손익계산서로 변경됐죠. 이익잉여금처분계산서가 국제회계기준에서는 주석 사항의 하나로 들어갑니다. 즉, 재무제표는 재무상태표, 손익계산서, 자본변동표, 현금흐름표, 주석으로 구성되는 거죠. 매출 목표나 이익 목표처럼 돈 버는 재미는 손익계산서로, 돈 모으는 재미는 재무상태표로 보여줍니다. 손익계산서도 중요하지만 회사의 자산 규모를 보여주는 재무상태표의 중요성이 더 크다고 할 수 있겠죠? 그래서 돈 모으는 재미를 느낄 수 있도록 기업의 가계부도 재무상태표 중심으로 꾸려야 합니다."

사실 회계기준이 국제회계기준, 일반기업회계기준, 중소기업회계기준으로 구분되어 회사 대상별로 다르게 적용되고 있는 현실에서 직원들이 회계를 정확히 구분하기란 어려웠다.

"자, 그럼 이제 본격적으로 회사 경영에 대해 말씀드리겠는데요, 우선 회사를 설립하고 운영하려면 무엇이 필요합니까?"

"돈이 필요합니다."

"맞습니다. 사업자금을 마련해야 되는데요, 일단은 월급을 절약해서 모아놓은 돈으로 충당한다고 해봅시다. 그런데 만약 모아놓은 돈이 부족하다면 모자란 돈은 어떻게 마련해야 할까요?"

홍영호와 눈이 마주친 홍현빈이 대답했다.

"은행에서 대출을 받습니다."

"맞습니다. 이때 사업자금으로 들어간 돈 중 자기 돈은 자본, 은행에서 빌린 돈은 부채라고 합니다. 여기까지의 경영활동을 재무제표에 그려보면 다음과 같습니다."

홍영호는 자금조달에 따른 자금 흐름을 재무제표에 표시했다.

지출	수입
자산	부채 및 자본

"가계부를 쓸 때 수입과 지출로 기록하듯 회사도 똑같

습니다. 그런데 독일에 이런 말이 있다고 하죠? '오른손이 간지러우면 돈이 들어오고 왼손이 간지러우면 돈이 나간 다.' 그래서인지 재무제표에서도 오른쪽은 수입을 기록하 고 왼쪽은 지출을 기록합니다. 자금조달은 재무제표의 오 른쪽, 즉 대변과 관련이 있는데, 여기엔 방금 말씀드렸듯이 부채와 자본이 들어갑니다."

이어서 홍영호는 부채와 자본에 대해 설명했다.

"한편 부채는 타인으로부터 일정 이자를 주고 자금을 빌리는 것으로 은행차입금이나 회사채를 발행하고 돈을 빌리는 것이 여기에 해당합니다. 자본은 주주들이 돈을 출 자하는 것으로, 증자를 이용하는 방법입니다."

일반적으로 부채가 적으면 이자 부담이 줄어 안정적이 라고 생각하기 쉽다. 하지만 부채가 적다고 항상 좋은 것은 아니다. 빚에도 좋은 빚과 나쁜 빚이 있지만, 일반 회사나 개인이 이를 구분하기란 쉽지 않다.

좋은 부채는 자금조달비용 이상의 수익을 가져오는 것 이고, 나쁜 부채는 소비를 위한 것 또는 자본비용보다 낮 은 수익률을 가져오는 것이다. 즉, 좋은 부채는 '올바른 목 적을 위해 사용하되 제대로 관리될 수 있어야' 한다. 이자 비용 이상의 수익을 가져올 투자처가 있고 최악의 경우에도 부채를 상환할 자금이 있는 기업이 부채를 줄이면 성장 동력이 떨어질 수 있다. 특히 불황일 때 기업들은 구조조정 등으로 몸을 움츠린 채 빚을 갚아 부채비율(부채÷자본)을 낮추는데, 이것은 결국 투자를 줄인다는 뜻이므로 장기적으로 보면 좋은 현상이 아니다.

어떤 면에서 부채는 열심히 살기 때문에 생기는 것이기도 하다. 사업을 위해 '열심히 산다'는 것은 수입을 늘리기 위해 노력한다는 뜻이고, 수입을 늘리는데 자신의 돈만으로는 부족해서 남의 돈을 빌려 쓰다 보니 빚이 생기게 되는 것이니 말이다.

그래서 때로는 주변의 이해관계자들이 회사가 빚을 갚고 재기에 성공하는 과정을 가까이에서 보며 희망을 얻기도 했다. 이렇듯 어려운 시대에 빚을 갚아가는 과정이 이해관계자들에게는 한줄기 빛이 되기도 하는 것이었다.

반면 장사를 해서 이자도 벌어오지 못하는 기업은 나쁜 빚이 있는 상황이므로 구조조정을 통해 사업을 정리하고 빚을 갚는 것이 낫다. 우리나라 대기업 중에는 영업이익으로 이자도 감당하지 못하는 기업, 즉 '이자보상배율(영업이익÷이자비용)'이 1보다 낮은 기업이 30퍼센트에 달한다. 이는 나쁜 빚이 많다는 의미다.

일정을 짤 때도 한 시간쯤은 비워두어야 급한 일이 생겼을 때 대처할 수 있듯이, 부채를 상환하는 데도 어느 정도의 여유가 있는지 혹은 얼마나 빡빡한지 점검해야 한다.

그러나 많은 회사들은 자신의 부채가 좋은 부채인지 나쁜 부채인지는 따져보지도 않는다. 그렇게 계속해서 부채를 쓰다가 부채에 무감각해져 강산이 변할 동안에도 빚쟁이로 남아 있는 경우가 생기는 것이다.

홍영호는 이런 부채와 자본의 역할을 설명하려 했으나, 아직은 어려운 이야기일 수도 있다는 생각에 그만두었다.

"자, 그럼 이번 주 수업은 여기서 마무리하고 다음 주 이 시간에 다시 뵙도록 하겠습니다. 그사이 일주일 동안 각자 회사와 집에서 자금조달비용으로 얼마를 쓰고 있는지 한번 체크해 보시기 바랍니다."

이익이 없으면 회사가 아니다.

매출은 최대로, 경비는 최소로.

- 이나모리 가즈오

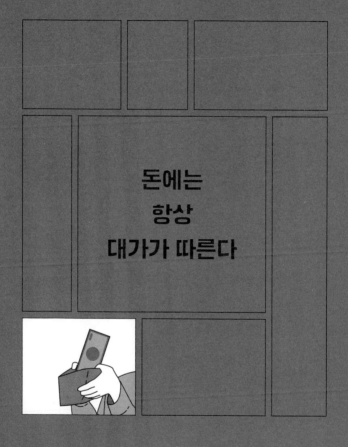

돈에는
항상
대가가 따른다

"머니 바이블 블로그에서
더 많은 회계 꿀팁을 전수해 드립니다."

회사에서 회계 교육을 받고 온 그날 밤, 현빈은 아내 미애로부터 한바탕 잔소리를 들었다. 돈 관리도 둘이 상의하면서 하면 더 좋을 것 같다는 생각으로 저녁 식사를 하다가 '목표를 정하고 가계부를 쓰자'고 말한 것이 발단이었다. 아내에게서 용돈을 받아 쓰는 상황이다 보니 경제적 주도권을 쥔 아내와 상의하려고 결혼 후 처음으로 돈에 대한 이야기를 꺼낸 것이었다.

"돈 얘기를 정기적으로 하는 것이 중요하대. 의식적으로라도 돈에 대해 대화하지 않으면 금기시하게 된다고 하네."

"맞아. 근데 당신도 우리 재산이 얼마인지 잘 모르지?"

"글쎄, 내 재산부터 좀 계산해 봐야겠는데……."

"왜 그게 자기 재산이야. 우리 재산이지. 우리가 뭐 다른 세상에 사는 것도 아니고."

"아, 그래…… 우리 돈……."

현빈이 기어들어 가는 목소리로 말했다.

현빈의 말에 미애는 잠시 고민하는 것 같더니 체념한 듯한 표정으로 말했다.

"근데 뭐, 계산할 게 있어야지. 버는 족족 다 써버리고. 모아놓은 재산이 있어야 계산할 재미라도 있지 않겠어?"

아내의 말에 홍현빈은 자존심이 상했다.

집을 사면서 대출을 받았는데, 아직 원금은 꿈도 못 꾸고 이자만 다달이 100만 원 넘게 내고 있었다. 내가 은행을 위해 일하는 건가 싶어 삶이 초라하다는 생각이 들었다. 최초로 부모보다 가난한 세대라는 말이 나올 정도로 열심히 일만 해서는 살아가기 힘든 시대였다. 이런 상황에서 벗어나게 해줄 동아줄이 있다면 잡고 싶었다.

"꼭 말을 그렇게 해야 해? 재산이 없으니까 지금부터 잘해보자는 거지."

"그래, 알았어. 그럼 어서 계획을 말해봐."

"부자는 재산이 많으니까 수입이랑 지출만 쓰는 손익

계산서 가계부보다는 재산을 기록하는 재무상태표 가계부를 써야 한대."

"재무상태표 가계부?"

미애가 살면서 처음 들어본다는 듯 물었다.

"재무상태표는 한마디로 재산목록을 말하는 거야. 앞으로 우리한테 돈을 벌어다 줄 재산들이지."

"누가 그래?"

미애는 재무상태표 가계부는커녕 손익계산서 가계부조차 안 쓰고 있던 터라 계속해서 물었다.

"있어. 정말 유명한 회계사님인데, 요즘 우리 회사에 강의하러 오시거든. 요즘 내 처지만 봐도 그래. 나한테도 한 달 용돈이라고는 달랑 20만 원만 주고. 내가 번 돈을 착취당하는 기분이 드네. 지금까지 난 내 돈을 본 적이 없어. 이것도 지출만 통제하려고 해서 그런 게 아닌가 싶어. 재산을 관리해야 하는데 말이야."

"지금 우리가 힘든 이유가 결혼 전에 당신이 진 빚 때문인 거 잊은 거야? 비싼 물건도 다른 사람한테 그냥 주지를 않나, 수백만 원씩 하는 검도용 칼도 몇 개씩 갖고 있었잖아."

미애의 말에 현빈은 속으로 '죄송합니다' 하고 곧바로

꼬리를 내렸다. 사실 현빈도 빚이 그만큼 있었는지 몰랐다. 통장을 관리해 주던 친한 친구가 통장을 갖고 사라져 버렸고, 의리를 지킨다는 이유로 돈을 찾으려는 노력조차 하지 않았었다.

"자기가 빌린 돈을 모두 수첩에 적고 갚을 때마다 하나씩 지워나갔어. 우리 신혼 때 천 원 한 장도 벌벌 떨면서 쓰고 수첩만 지워나갔던 거 기억 안 나? 빚내서 투자했다가 영혼까지 털린 적도 여러 번 있었지? 자기 독단적으로 하다가 그 지경이 됐는데 뭐라고 했더라? 내가 번 돈 내가 알아서 하는데 무슨 상관이냐고 적반하장으로 나왔었지."

남편이 번 돈으로 먹고사는 주제라는 식의 말까지 했었는데 그 말에 미애는 전업주부로 산 몇 년의 인생이 송두리째 부정당한 기분이 들어 이혼까지도 생각했었다.

수업료 낸 셈 친다고 생각했지만, 똑같은 실수를 반복하는 남편의 모습을 보고 있노라면 뭘 배웠다고 할 수도 없었다. 따지고 보면 돈에 대한 개념이 없는 것은 미애가 아니라 현빈이었다. '이렇게 개념이 없을까?' 생각하면서 살아왔는데 아직까지도 개념이 없다니. 미애의 어이없는 웃음은 당연한 것일지도 모른다.

"그래, 좋아. 대신 반찬값이나 수도 요금 아끼는 걸로는 안 돼. 당신도 협조를 해야지."

"협조?"

"지금 이걸 사지 않으면 안 될 것 같다는 생각 말고 돈을 불려서 나중에 산다는 생각을 가지란 말이야. 나 모르게 엄한 데 투자했다가 돈 날리지 말고. 주식투자 잘못하면 패가망신이라는 말 명심해."

미애는 재테크를 위해 종잣돈이 필요하다며 월급통장, 생활비통장, 비상금통장, 저축통장 4개로 통장을 쪼개자고 했다. 통장을 4개로 쪼개는 것이 무슨 의미가 있나 싶었지만 주택청약종합저축에 개인종합자산관리계좌(ISA)까지 가입하는 것을 보고 조금씩 믿음이 생겼다.

현빈의 부모님은 '결혼하면 모든 것이 하나로 합쳐지는데, 특히 반드시 합쳐야 될 것 중 하나가 통장'이라고 하셨다. 결혼과 동시에 통장도 결혼시켜 부부가 돈을 공유해야 한다는 것이다.

그런데 부모님 말씀대로 통장을 결혼시키면서 미애의 눈치를 봐야 되는 불편한 상황이 생겼다. 아내는 확신이 들기 전까지는 좀처럼 지갑을 열지 않는 성격이었다.

지금 생각해 보니 부모님이 통장을 결혼시키라고 말씀하신 것은 부부 간에 돈 관리를 투명하게 하라는 의미였다.

투명하지 않으면 정확히 얼마가 들어오고 나가는지 파악이 되지 않고, 이런 돈의 흐름을 모르고 돈 관리를 한다는 것은 불가능하기 때문이다.

사실 돈 관리 방법이 아니라 신뢰가 문제였던 것이다. 돈 관리를 함께하건 따로 하건 신뢰만 있으면 문제가 되지 않지만, 신뢰가 없으면 어떤 방법을 써도 문제가 생긴다.

회사에서도 가끔 비슷한 문제가 발생한다.

현빈은 회사의 수입과 지출을 매일매일 투명하게 하고 거기에서 신뢰가 쌓였으면 하는 바람이 생겼다. 그러기 위해서 회계를 알아야겠다는 생각이 들었다. 회계를 모르면 회사가 아무리 투명 경영을 해도 장부를 읽을 수 없기 때문이다.

다음 날 아침 출근길, 중간에 지하철이 멈춰버렸다. 무슨 사고가 생긴 모양이었다. 버스정류장도 없는 곳이라 멈춰선 지하철 안에 마냥 앉아 있던 현빈은 뒤늦게 지하철역을 빠져나와 부랴부랴 택시를 잡아탔지만 지각은 면할 수 없었다. 홍현빈의 입에서는 푸념이 절로 나왔다.

현빈은 차를 너무나 사랑했다. 인생의 목표 중 하나라고 할 수 있을 만큼 수입차에 대한 로망도 컸다. 그런데 주변 사람들은 종종 현빈 월급에 지금의 자가용을 타면 카푸어라는 말을 하곤 했다. 자신이 철이 없는 것인가 하는 생각도 들긴 했지만 내 편이 하나도 없는 것 같은 느낌이 들어 서러웠다.

그런 눈총을 받으니 차라리 지하철을 타고 다니는 게 낫겠다고 생각해 자가용을 놓고 다닌 지도 꽤 되었다. 오늘같이 대중교통이 말썽을 부리면 집에 고이 모셔 둔 차 생각이 더 났다.

영업본부장에게 혼날 각오를 하며 사무실로 조심스럽게 들어선 현빈은 순간적으로 쎄한 분위기를 감지했다. 사무실 안은 정신이 없었다. 아무도 지각한 현빈에게 관심을 두지 않았다. 무슨 전쟁이라도 난 것 같은 분위기였다. 본부장님은 자리를 비웠고 다른 직원들은 전화를 하거나 인터넷 기사를 확인하며 뭔가에 홀린 듯 정신없이 왔다 갔다 하고 있었다.

직감적으로 뭔가 이상하긴 했지만 일단 아무도 지각을 눈치채지 못하게 슬쩍 자리에 앉았다. 시치미를 떼고 컴퓨터를 켠 뒤 거래처에서 온 메일에 답장을 보내며 밀린 일을 처리했다.

대충 급한 일을 끝냈다 싶을 무렵, 내선 전화가 울렸다.

재무부의 오영탁 대리였다. 오 대리는 홍현빈 대리에게 할 이야기가 있으니 잠시 휴게실에서 보자고 했다.

"이제 와서 CEO를 못 하겠다니, 그게 무슨 소리야?"

홍 대리는 휴게실에서 만난 오 대리를 딱하게 쳐다보며 물었다.

"이유 없이 못 하겠다는 게 아니라, 대리님도 보셨잖아요. 영업본부장님이랑 생산본부장님 어떠신지. 아무리 생각해 봐도 제가 그 역할을 하는 건 무리예요."

"못 할 것 같으면 어제 바로 말을 했어야지. 이제 와서 관두겠다면 다들 오 대리를 뭘로 보겠어?"

"그렇겠죠? 이제 와서 못 하겠다고 하면 안 되겠죠?"

땅이 꺼져라 한숨을 내쉬는 오영탁 대리를 보자 홍 대리도 한숨이 나왔다.

"근데 아침부터 왜 이렇게 어수선해? 회사에 무슨 일 있어?"

오 대리는 홍현빈의 말에 의아해하는 표정을 지으며 물었다.

"대리님, 어디 갔다 오셨어요?"

"아니, 그게 아니라 출근길에 사고가 나서 조금 늦었

거든."

"그럼 아침에 기사 못 보셨겠네요? 지금 회사 난리도
아닌데⋯⋯."

오 대리는 자신의 휴대폰을 몇 번 만지작거리더니 액정
화면을 들어서 홍현빈에게 보여주었다.

"이것 좀 보세요."

오 대리가 가리키는 화면에는 칸 아이란이 다산타이어
의 대주주로 부상하며 경영 참여를 선언하고 나섰다는 내
용의 기사가 실려 있었다.

"칸 아이란?"

칸 아이란이라면 적대적 M&A를 통한 세계적인 기업
사냥꾼으로, 항공사와 철강회사의 지분을 사들여 경영진의
개편을 요구한 적이 있었다.

얼마 전부터 칸 아이란이 회사의 지분을 매입하고 있다
는 소문이 들려오긴 했지만 소문으로 여기고 그리 큰 관심
을 두진 않았다. 그런데 회사의 지분을 꾸준히 사들인 칸
아이란이 지분율 7퍼센트를 확보했다며 금융감독원에 신
고했다는 것이다. 오래간만에 뉴스거리를 만난 애널리스트
들은 너도나도 자신만의 시각을 담은 보고서를 쏟아내기
시작했다.

"칸 아이란 별명이 기업사냥꾼인데 노력해서 얻은 타이틀이라 오히려 자랑스럽게 생각한다네요."

기업사냥꾼들은 다산타이어처럼 지배구조가 취약하거나 경영상 어려움을 겪는 기업 지분을 사들인다. 그들은 다른 주주들을 동원해 실적 부진을 빌미로 경영진을 압박해 자산매각으로 단기간에 기업가치를 끌어올린 뒤 기업을 되팔아 막대한 수익을 챙기곤 했다.

"지분 보유 목적이 뭐래?"

홍 대리의 물음에 오 대리는 흥분된 어조로 대답했다.

"경영 참여래요. 적대적 M&A. 그래서 지금 회사가 발칵 뒤집혀서 임원들 모조리 다 비상 회의에 들어간 거잖아요."

소식이 알려지자 다산타이어는 긴급 임원 회의를 열어 적법한 절차를 통해 칸 아이란의 경영권 행사에 대한 대책을 마련하고자 했다. 또한 회사 경영진은 이미 이런 상황에 대비하여 총 50만 주 보유를 목표로 매일 5만 주씩 자사주를 매입하고 있었다.

회사가 돈을 투자한 주주에게 이익을 돌려주는 방식에는 주가 상승, 배당, 그리고 주주친화의 끝판왕인 자사주 매입 등이 있다.

자본은 자산에서 부채를 차감한 나머지 금액으로 '순자산'이라고도 하는데, 최초에 주주가 투자한 자금인 자본금과 회사가 벌어들인 이익의 누적 금액인 잉여금으로 구성되어 있다. 결국 회사가 장사를 잘하면 잉여금이 늘어 자본의 가치가 높아지고 이는 주가 상승으로 이어지게 되는 것이다.

한편 주주로부터 자금을 조달할 때 자금을 투자한 대가로 주주에게 배당금을 지급하는 경우가 있다. 배당금은 비용이 아니라 회사의 순이익에서 지급하는 것이므로 이익잉여금처분계산서에서 보여주는 항목이다.

자사주 매입은 주식 수를 줄여 자본금을 줄이고 자기자본이익율(ROE)을 높여서 주당 가치를 높이는 방식인데, 회사들은 주로 주가 안정과 경영권 방어 목적으로 자사주를 매입하여 소각한다.

"그래도 지금 정도의 지분으로 적대적 M&A는 무리 아닌가?"

"물론 지금은 그렇지만 앞으로 상황이 어떻게 변할지도 모르고, 또 현재 외국인이 보유하고 있는 회사의 보유지분이 50퍼센트가 넘어서 외국인 주주끼리의 연대를 모색할 수도 있다던데요?"

오 대리는 평소와 달리 눈까지 빛내며 말했다.

"우리 회사 최대주주는 대한은행이지? 대한은행 지분이 몇 퍼센트더라?"

"10퍼센트가 채 안 돼요. 결국 우리사주 10퍼센트를 다 합쳐도 20퍼센트가 안 되는 거죠."

"그래도 쉽지는 않을 거야. 요즘 손실이 좀 발생해서 그렇지 그동안 우리 회사도 경영합리화니 뭐니 해서 최대주주 비율은 낮추면서 이익은 꾸준히 늘렸잖아. 그 덕에 주주들 신뢰도 얻었고……."

홍현빈 대리는 나쁜 쪽으로 생각하고 싶지 않았다.

"그리고 아무리 기업사냥꾼이라도 회사 경영개선을 위해 지분에 참여하려는 목적이 더 크지 않겠어? 그러면 우리 회사 주식을 갖고 있는 사람들한테도 이득인 거 아냐? 오 대리도 우리사주 갖고 있잖아."

홍현빈 대리의 말에 오 대리는 어처구니없다는 듯한 표정으로 대꾸했다.

"완전 쪽박 찼어요. 공모가 대비 50%나 떨어졌잖아요."

"작년 말에 몇 억 벌었다 했잖아?"

"그땐 많이 올랐었죠. 문제는 보호예수기간이라서 팔 수가 없었다는 거죠. 근데 올해는 완전 손실이에요. 주가

고점일 때 퇴사하고 우리사주 판 사람들이 최종 승자라니까요."

"고평가 논란이 있기도 했었고, 앞으로 주가가 반등할 호재도 없는 데다 칸 아이란까지……. 주가 회복은 어려운 거지?"

"네, 정말 힘드네요. 공모 당시 분위기가 너무 좋아서 자사주에 결혼자금까지 '영끌'했거든요. 요즘은 손실 폭이 너무 커서 잔고 보기도 싫어요. 칸 아이란의 의도도 경영보다는 시세차익이라는 의견이 지배적이에요. 시세차익만 얻고 바로 빠질 가능성이 크다고요."

국방이 튼튼하면 전쟁도 일어나지 않는 법이다. '먹튀'라고 비난하기에 앞서 기업 스스로 그런 빌미를 제공하지 않아야 한다. 외국 자본과 경쟁할 수 있는 동등한 무기와 배당정책, 주주친화정책이 필요하다.

기업이 벌어들인 돈은 주주와 종업원에게 분배돼야 하지만, 다산타이어 역시 임금과 배당에 인색해 이익의 대부분을 관행적으로 회사에 유보해 왔다. 주주를 소홀히 한다는 점과 배당성향이 낮아 기업에 대한 충성도가 떨어진다는 비판이 있어 뒤늦게나마 배당성향을 30%에서 40%로 확대하기로 했다.

부채나 자본 모두 자금을 조달하는 방법 중의 하나로, 부채는 타인자본, 자본은 자기자본으로 분류된다. 자금을 사용하면 회사는 이에 대한 사용 대가를 지급해야 하는데 부채에는 이자비용을, 자본에 대해서는 배당이나 주가 상승 등의 대가를 지급한다. 주주관리비용은 일반적으로 부채의 이자비용보다도 훨씬 크다.

다산타이어 또한 칸 아이란이라는 주주로 인해 혹독한 주주관리비용을 감당하고 있는 상황이었다. 이렇듯 자금조달비용만 본다면 부채가 자본보다 더 좋은 방법으로 보이지만, 부채가 과다할 경우 회사의 안정성에 문제가 생길 수 있다.

주주는 회사의 주인이므로 주주가치중심주의가 오랫동안 기업경영의 목적이 되어왔다. 주주로부터 부사를 받아 자금을 조달하고 돈을 벌어 주주에게 이익을 환원하는 것이 주식회사의 본질이기 때문이다. 그 결과로 회사의 가치가 올라가 주주의 재산도 늘어나는 것이 주식투자의 원리라고 할 수 있다. 그러나 언제부터인가 주식시장에는 매매기법을 이용해 시세차익을 노리고 덤벼드는 투기꾼들이 득실대기 시작했다. 회사의 실적이나 전망에 투자하기보다는 싸게 사서 비싸게 파는 주가 놀이로 돈 버는 주주들이 등장한 것이다.

낚시꾼이 몰려드는 것은 먹잇감이 있기 때문이다. 즉, 아무것도 모르고 시세차익이라는 미끼를 물어대는 개미 투자자들은 기관투자자들이나 외국인들의 좋은 먹잇감이 되는 것이다. 회사가 무엇으로 돈을 버는지조차 모르고 최소한의 지식도 없이 주식시장을 기웃거리고 있다면 그 사람은 이미 투기꾼인 셈이다. 주주가치중심주의가 제대로 서려면 주주는 투기꾼이 아닌 투자자가 되어야 하고, 주가가 아니라 회사 실적이 회사를 평가하는 바탕이 되어야 한다.

얼마 전 다산타이어도 부사장이 스톡옵션을 행사하면서 먹튀 논란에 휘말린 적이 있었다. 스톡옵션은 주가가 행사가격보다 오르면 권리를 행사하고 반대로 주가가 행사가격 아래로 떨어지면 그냥 보유하면 되는 것이다. 스톡옵션을 받은 경영자들은 위험을 추구하면서 단기적인 이익 극대화에만 집중하기 시작했다.

다산타이어도 기업공개 후 '따상'을 기록했지만, 주가 상승은 사실 경영진 노력과는 별 상관이 없는 일이었다. 그런데도 부사장은 기업공개 후 한달 만에 스톡옵션을 행사해 수십억 원의 차익을 챙겼고 그 이후 주가는 반토막이 났다.

부사장의 먹튀 행위는 역대급 모럴해저드였다. 또 고위 임원진들의 스톡옵션 행사로 매도물량이 늘어, 주가가 하락한 상황에 부정적인 영향을 줄 수 있었다. 결국 주가 하락은 소액투자자들의 피해로 이어졌다.

단기매매차익을 노리는 투기꾼 주주의 경영 참여를 제한하기 위해, 일정 기간 이상 주식을 보유한 사람만 경영에 참여할 수 있게 하는 규정을 만들자는 등의 의견이 나오고 있다. 하지만 대주주의 경영권을 제한하고 소액주주의 권익을 보호한다는 목적으로 정치권에서 추진하려는 상법 개정 내용들은 기업의 경영권에 위협을 주고 투기자본의 배만 불릴 가능성이 높았다.

사람들 모두 어디론가 달려가고 있지만, 사신들이 어디로 가고 있는지 알고는 있는 걸까? 오영탁 대리의 말이 정말이라면 자신은 어떤 영향을 받을까? 이러다 혹시 직장까지 잃게 되는 건 아닐까? 그런 생각이 끊임없이 이어지자 홍현빈은 머리가 아파왔다.

현빈은 복도 게시판에 붙은 공고를 유심히 살펴봤다. 지금껏 무심히 지나쳤던 수익성 개선 방안 공모를 보며 자신도 뭔가를 해봐야겠다는 생각이 들었다.

'어제 수업 시간에 배운 것을 회사의 수익성 개선 방안과 연결시킬 방법은 없을까? 최근에 기업사냥꾼 같은 주주로부터 경영권을 방어하느라 회사가 비상사태다. 그렇다면 자금을 부채로 조달하면 되는데 왜 자본으로 조달하는 걸까?'

홍현빈 대리의 고민이 깊어질수록 답은 오리무중이었다. 얼마 전 자금 담당 부서 동기로부터 회사의 신용도가 좋지 않아 은행으로부터 이자율 인상 통보와 함께 추가적인 자금조달이 어렵다는 이야기를 들었던 기억이 뇌리를 스치고 지나갔다.

'그래. 자금조달은 회사 입장에서 이자비용이나 주주관리비용이 나간다고 했지.'

자금조달은 재무제표의 오른쪽, 즉 대변에 기록하는데 크게 부채와 자본으로 나눌 수 있다. 부채의 매입채무는 회사가 원재료나 상품을 매입하고 매입처에 지불하지 않은 금액이므로 매입처로부터 무이자로 자금을 조달한 것이나 다름없다. 다만 외상거래를 많이 한다면 거래처로부터 신뢰를 잃고 질 좋은 물건을 구입하기 힘들어진다는 문제가 발생하므로 매입채무에도 약간의 거래처 관리비용이 발생할 수 있다. 한편 차입금은 이자와 원금을 갚기로 하고 빌린 돈으로, 자금조달의 가장 일반적인 형태이자 레버리지 효과를 가져오는 수단이다. 그리고 자본은 주주로부터 자금을 조달하는 것이다.

수업 시간에 홍영호 회계사가 '자금 사용 대가'와 '이익률'을 양옆에 써놓고 어느 쪽이 높은지를 비교하면서 부채를 늘릴 것인지 말 것인지를 결정하던 모습도 떠올랐다. 회사에 자금을 빌려주거나 투자한 사람들에게 정당한 이익을 배분하는 것은 당연한 일이었다. 중요한 것은 무엇을, 어떻게, 얼마나 나눠주는가 하는 기준이었다.

'그렇다면 자금조달비용이 얼마인지를 항상 체크할 수 있는 지표를 각 부서별로 만들어 수익률을 체크하는 시스템을 만들면 어떨까? 그리고 이자비용을 줄일 수 있는 방법을 회사 내 업무프로그램에 공지하면서 자금조달에 대한 문제를 전 사원이 함께 고민하게 하는 거야.'

그런데 또 생각이 벽에 부딪혔다. 부채는 이자비용 계산을 확실하게 하는 것이 가능한데 주주에 대한 비용은 어떻게 계산해야 하는지 알 수 없었던 것이다.

홍현빈 대리가 오후 내내 자금조달비용에 대해 고민하

고 있는데, 갑작스럽게 비상 회의가 소집됐다. 아침부터 시작된 임원 회의가 끝나고 본부 단위로 중간관리자 회의가 이어졌다. 분위기가 심상치 않음을 알았는지 회의장으로 대리급 이상 관리자들이 종종걸음을 하며 모여들었다.

회의가 시작되자 영업본부장은 심각한 얼굴로 먼저 직원들의 얼굴을 쓰윽 훑어보더니 입을 열었다.

"아마 임원 회의 내용에 대해서는 모두들 짐작하고 있을 겁니다."

상황이 심상치 않다는 것을 넌지시 강조하는 영업본부장의 눈빛과 말투에 모두 입을 굳게 다물었다.

"현재 우리 회사가 처한 위기를 타개하기 위해선 무엇보다도 자금이 필요합니다. 이 같은 판단하에 임원 회의에서는 경영권 방어를 위한 자금 확보 차원으로 1000만 원 이상의 자금 집행에 대해서는 무조건 어음 결제를 원칙으로 한다는 결론을 내렸습니다. 또한 매출에 대해서는 현금 판매가 아니면 신용 부서의 지시를 받아 판매 여부를 결정할 것입니다."

본부장의 말이 끝나기도 전에 직원들 사이에서 웅성거리는 소리가 들려왔다.

"몇 개월 어음입니까?"

"6개월 어음을 기본으로 합니다."

영업본부장의 대답에 회의장은 더욱 소란스러워졌다. 누군가 용기를 내 말했다.

"6개월은 너무 심하지 않습니까? 지금 다른 협력업체도 힘들다고 난리인데 6개월 어음을 끊어주면 곧바로 도산하는 업체가 나올 텐데요."

"우리 회사가 살아야 협력업체도 살 수 있는 겁니다. 임원 회의에서 결정된 사안인 만큼 무조건 따르세요."

회의는 살벌한 분위기에서 끝이 났다. 사실 회의라기보다는 임원 회의에서 결정된 사항을 통보하는 시간이었다.

영업본부장이 회의실을 나갔는데도 직원들은 자리를 뜨지 못하고 임원 회의 결정에 대해 삼삼오오 모여 논쟁을 벌였다.

"현금 매출이 아니면 신용 부서의 지시를 받아서 판매하라니."

"나 참, 요즘 현금 장사하기가 얼마나 힘든 줄 위에선 모르나?"

홍 대리도 고민이 이만저만이 아니었다. 받을 것은 빨리 받고 줄 것은 최대한 늦게 주라는 회사 입장을 이해하지 못하는 건 아니지만 임원 회의에서 결정된 사항대로 따를 경우 부작용도 만만치 않기 때문이다. 우선 영업부서는 영업실적이 걱정이었다. 현금 매출은 전체 매출의 50퍼센트 수준밖에 되지 않는데 외상거래를 현금 매출로 전환한다면 판매량이 줄어들 건 불 보듯 뻔했다.

그러나 임원들은 돈을 나중에 주겠다는 거래처의 약속만 믿고 기다리는 소극적인 자세가 대금 회수에는 전혀 도움이 되지 않는다고 지적하고 있었다. 회사가 납품하던 거래처가 갑자기 부도가 나는 바람에 외상 대금을 떼이는 경우가 종종 있었는데, 이는 거래처의 안정성에 무관심했던 탓도 크다는 것이다. 회계 자료를 통해 거래처의 안정성을 볼 수 있는데도 회계를 몰라 해석하지 못했고 또 알려고 하지도 않았던 것이다.

그래도 현빈으로서는 하나 건진 게 있었다. 공모전 주제를 찾은 것이다. 현 상황에서 회사의 가장 큰 관심은 자금 확보일 것이다. 그러니 이 문제를 해결할 수 있는 아이디어라면 좋은 주제가 될 것 같았다.

측정되지 않는 것은

관리되지 않는다.

- 피터 드러커

인건비는
자산일까,
비용일까?

"일주일 동안 자금조달에 대해서 다들 많이 생각해 보셨나요?"

"네!"

연단에 선 홍영호 회계사가 미소를 지으며 임직원들을 천천히 둘러보았다.

"오늘은 사업에 필요한 자산을 구입할 겁니다. 5분 정도 시간을 드릴 테니 먼저 조별로 어떤 사업을 할지 정하시고, 사업에 맞게 어떤 자산을 구입할지 토의하십시오. 자금조달액은 200억 원이라고 가정하겠습니다."

1조는 지난주와 마찬가지로 딱딱한 분위기였다. 영업본부장과 생산본부장의 알력으로 다른 조원들은 그저 두 사람 눈치를 보기에 급급했다. 그나마 오 대리가 CEO라는 책임감을 갖고 화기애애한 분위기를 만들기 위해 노력하고 있었다.

"어떤 업종으로 하는 게 좋을까요?"

오 대리가 개인적인 질문을 하듯 한껏 밝은 목소리로 생산본부장에게 물었다. 하지만 돌아오는 건 생산본부장 특유의 무뚝뚝한 대답이었다.

"토의를 해야지, 그걸 왜 나한테 묻나?"

"네?"

생산본부장의 한 방에 얼어버린 오 대리는 어쩔 줄 몰라 하며 홍현빈 대리를 힐끔거렸다. 오 대리를 대신해 홍 대리가 영업본부장에게 물었다.

"본부장님, 어떻게 생각하세요?"

"글쎄…… 우리 회사가 제조업이니까 우리도 제조업을 하는 게 낫지 않겠어? 그게 일말이라도 회사를 위하는 우리의 마음이 아닐까 싶은데 말이야."

영업본부장은 이 순간에도 사장에게 잘 보이기 위해 속으로 머리를 굴리고 있었다. 다른 직원들도 고개를 끄덕이며 동의했다.

"생산본부장님도 영업본부장님 의견과 같으신가요?"

오 대리가 침을 꿀꺽 삼키고는 용기를 쥐어짜 생산본부장에게 물었다.

"뭐, 나쁘지 않네."

생산본부장은 마지못해 대답했다. 사장에게 잘 보이려는 영업본부장의 꼼수를 모르는 건 아니었지만 괜히 반대의견을 내놨다간 다시금 영업본부장에게 꼬투리를 잡힐 것이 뻔했다.

"생산본부장님은 너무 묻어가시려는 거 아닌가요? 다른 의견이 있으시면 속 시원히 말씀하셔도 되는데……."

은근히 가시가 박힌 영업본부장의 말에 생산본부장은 부르르 몸을 떨었다. 생산본부장은 울컥 치밀어 오르는 화를 간신히 참으며 테이블에 놓인 냉수를 들이켰고, 둘러앉은 조원들은 두 사람을 민망하게 번갈아 보며 헛기침만 해댔다.

"그럼 업종은 제조업으로 하는 걸로 하고……. 제조업을 하려면 무엇보다 토지와 건물, 기계장치가 필요하니까 거기에 제일 비중을 두어야겠지."

영업본부장은 물 만난 물고기마냥 신난 표정을 지으며 말했다.

"하지만 자금 200억 원을 모두 토지 건물과 기계 구입에 사용하는 것은 무리라고 생각합니다. 운영자금도 필요하고 원재료도 구입해야 하니까 절반 정도만 부동산 구입에 사용하고 나머지 절반은 원재료 구입에 사용해야 할 것 같은데요."

자금을 맡고 있는 홍현빈 대리가 조심스레 자신의 의견을 피력했지만 영업본부장은 물러서지 않았다.

"부동산은 급전 필요할 때 팔아먹을 수라도 있지. 재고자산은 보유해 봤자 골치만 아프고 덩달아 자금도 효율적으로 사용할 수가 없다고. 재고자산 그거 심각한 문제라는 거, 다들 아시잖아요? 우리 공장 창고에 쌓여 있는 재고 보면 몰라요? 창고에 있는 물건은 돈이 아닙니다."

조원들을 둘러보던 영업본부장의 시선이 마지막으로 생산본부장에게 멈췄다.

심사가 뒤틀린 생산본부장은 그런 영업본부장의 태도에 더 이상은 못 참겠다는 듯 반박하고 나섰다.

"불철주야 야근을 밥 먹듯이 하면서 2교대 3교대로 물건 만들어내는 게 생산 부서입니다. 우리 생산부는 맡은 바 책임을 충실히 완수해 나가고 있다고요. 그런데 물건 파는 게 일인 영업부는 대체 뭡니까? 재고요? 영업부에서 열심히 했으면 그게 왜 창고에 쌓여 있겠어요? 영업 부서는 왜 항상 자신들의 문제를 생산 부서에서 해결하려고 합니까?"

생산본부장의 반박에 영업본부장도 지지 않고 나섰다.

"여러 악재 속에 판매가 부진한 건 사실이지만, 영업부도 최선을 다하고 있습니다. 이월 재고나 유행이 지난 재고 자산은 난다 긴다 하는 세일즈맨이 나선다 해도 판매가 힘들죠. 이런 재고까지 영업부 책임이란 말씀입니까?"

"영업 예측을 제대로 못 해서 그런 결과가 나왔겠죠. 그러게 재고가 안 쌓이도록 미리미리 판매를 했어야죠."

"물건 찍어 내놓으면 그걸로 만사 오케이다? 뭐, 그렇게 단순하게 사시면 본인이야 좋겠지만 회사를 위하는 길이 뭔지도 조금은 생각을 하셔야죠."

"뭐라고요!"

영업본부장과 생산본부장은 서로의 상처를 헤집어댔다. 둘의 관계는 도무지 나아질 기미가 보이지 않았고, 그 사이에 끼인 사람들은 좌불안석이었다.

그런 두 사람의 모습을 연단에서 지켜보고 있던 홍영호 회계사가 분위기를 돌리려는 듯이 임직원들을 향해 말했다.

"회의 시간이 길다고 좋은 건 아닙니다. 지금까지 한 토론은 마무리하시고 내용을 정리해 주시기 바랍니다."

"시간 다 됐는데 어떡해요?"

1조 CEO인 오 대리가 울상을 지으며 조원들을 둘러보았다. 시간은 다 됐는데 업종 외에는 정해진 것이 하나도 없었다. 다시 홍현빈 대리가 총대를 메야 할 상황이었다.

"일단 부동산에 투자하고, 그다음엔 뭐가 좋을까요?"

"은행에 예금하면 이자가 나올 테니까 회사에 도움이 되지 않을까요?"

다른 조원들도 이젠 어쩔 수 없다고 판단했는지 하나둘 의견을 내놓았다. 갑자기 토의가 빨라졌다.

잠자코 전지에 기록된 3개 조의 토론 결과를 살펴보던 홍영호가 이윽고 교육생들 쪽으로 고개를 돌렸다.

"발표에 들어가기 전에 우선 자산과 비용의 차이부터 정리를 해야 할 것 같은데, 혹시 둘의 차이점을 아시는 분 있습니까?"

홍영호의 갑작스런 질문에 대회의실 안에는 잠시 정적이 흘렀다.

"돈 되는 것과 돈 안 되는 것 아닌가요?"

아까부터 눈동자를 반짝이며 집중해 수업을 경청하던 홍현빈 대리가 대답했다.

"정답에 70퍼센트 정도는 왔는데 아직 선물 드리기엔

약간 부족하네요. 조금만 더 보충해 주시면 좋겠는데요."

아무런 대답도 안 나오자 홍영호는 유도하듯 예를 들어 물었다.

"그럼 인건비는 자산일까요, 비용일까요?"

"비용 아닌가요?"

어디선가 대답이 들려왔다.

"경우에 따라 자산일 수도 있고, 비용일 수도 있습니다."

이번에는 오 대리였다. 재무부답게 이 정도는 자신 있다는 듯 말했다.

"정말 회계적으로 말씀해 주셨네요. 네, 인건비는 자산일 수도 있고 비용일 수도 있습니다. 그런데 일반적으로는 비용으로 처리를 많이 하죠. 그렇다면 왜 인건비는 비용으로 처리하는 걸까요?"

교육생들은 고개를 갸웃했다. 인건비가 비용인 건 언뜻 보면 당연한 것 같은데 그 이유는 잘 모르겠다는 표정들이었다. 홍영호는 다시 말을 이어갔다.

"보통 사장님께서는 이제 막 회사에 입사한 신입사원들에게 이런 말씀을 하십니다. '우리 회사는 인재를 최고의 자산으로 생각합니다'라고요. 그런데 말씀은 그렇게 하셔 놓고 인재에게 지출되는 돈은 어떻게 기록합니까? 대부분

비용으로 기록합니다. 왜 그럴까요?"

"사장님이 회계를 잘 몰라서 그런 거 아닙니까?"

홍현빈 대리의 대답에 홍영호는 물론 다른 임직원들까지 웃음을 터트렸다. 홍영호와 눈이 마주치자 순간 얼떨결에 그렇게 대답한 홍현빈은 뒤늦게 무안했는지 머리를 긁적였다.

"사장님은 정확히 알고 계십니다. 즉, 사람이 자산인 것도 맞고, 자산인 인재에 지출된 돈을 비용으로 기록한 것도 맞습니다."

이것도 맞고 저것도 맞다니, 임직원들은 더욱더 감을 잡을 수 없었다.

홍 회계사는 화이트보드로 다가가더니 커다랗게 다음과 같이 적었다.

자산과 비용의 차이: 돈을 벌어다 주는 시점의 차이

"자산과 비용은 종이 한 장 차이입니다. 자산은 좋은 것이고 비용은 안 좋은 것이 아니라 자산은 앞으로 돈을 벌어다 주는 것을 말하고 비용은 앞으로 돈을 벌어다 주지 못하는 것을 말합니다. 그런데 회사 임직원이신 여러분은 어떻습니까? 돈을 벌어다 줍니까? 벌어다 주지 않습니까?"

"벌어다 줍니다!"

자신만만한 대답이 여기저기서 터져 나왔다.

"네, 여러분은 분명 회사에 돈을 벌어다 주는 사람들입니다. 그런데 인건비는 비용으로 처리합니다. 그 이유는, 바로 돈을 벌어다 주는 '시점'의 차이 때문입니다. 대부분의 회사 월급날은 월초가 아니라 월말이죠. 여러분들 회사에 처음 출근했을 때를 생각해 보세요. 출근하는 날 월급을 주던가요? 아니면 한 달 일하면 월급을 주던가요?"

"일해야 돈을 줍니다."

"그렇습니다. 월급은 후불입니다. 한 달 동안 회사를 위해 고생했으니까 주는 것이지 앞으로 열심히 하라고 주는 게 아닙니다. 즉, 회사가 지급하는 월급은 과거에 대한 보상이지 미래에 돈을 벌어다 주는 지출은 아니기 때문에 자산이 아니라 비용으로 처리합니다. 만약 1년 치 급여를 출근하는 날 준다면 어떻게 해야 할까요?"

"그런 회사 있으면 바로 취직해야죠."

홍현빈의 대답에 대회의실 안은 또다시 웃음바다가 됐다. 영호 역시 적극적으로 수업에 참여하는 홍 대리를 눈여겨보듯 잠깐 응시했다가 다시 말을 이었다.

"1년 치 급여 3000만 원을 먼저 주었다면 이 3000만 원은 미래에 돈을 벌어다 줄 것이므로 일단 자산으로 계상해야 합니다. 그런데 시간이 가면서 어떻게 될까요? 한 달이 지나면 한 달 치 월급에 해당하는 250만 원은 이제 자산의 역할을 할 수 없습니다. 이미 이 250만 원은 과거에 돈을 벌어다 준 것이 되니, 따라서 이 250만 원의 자산을 비용으로 전환해 주어야 합니다. 그럼 자산은 2750만 원만 남게 되겠죠. 두 달 뒤에는 다시 또 250만 원을 비용으로 전환합니다. 이제 자산은 2500만 원만 남습니다. 이런 식으로 1년이 지나면 결국 자산은 하나도 남지 않게 됩니다. 여기서 알 수 있는 것은 자산과 비용은 모두 돈을 벌어다 줄 수 있지만, 자산이 앞으로 벌어다 줄 수 있는 것이라면 비용은 과거에 돈을 벌어다 주고 지금은 늙어서 땅속으로 들어간 것이라는 사실입니다."

인건비가 비용이 되는 원리는 재고자산에도 그대로 적용되었다. 재고자산은 판매 전까지는 분명 미래의 수익을 가져다줄 수 있는 자산이지만, 판매가 되면 고객에게 소유권이 이전되어 미래에는 더 이상 회사에 기여하지 못하므로 매출원가라는 비용으로 바뀌게 된다.

인건비나 재고자산처럼 자산과 비용의 구분이 명확한

것도 있지만 대부분의 자산들은 비용으로 전환되는 시점을 파악하기가 쉽지 않다. 유형자산만 보더라도 내용연수 동안 감가상각비라는 비용으로 전환하지만 과연 수명이 몇 년인가에 대해서는 합리적인 추정이 필요하다. 또 연구개발이나 브랜드 같은 무형자산은 미래에 수익을 창출할 수 있으면 자산, 그렇지 않으면 비용으로 처리하지만 미래 수익 여부를 판단하는 것은 아주 어렵다.

홍 회계사는 화이트보드에 재무제표를 그렸다.

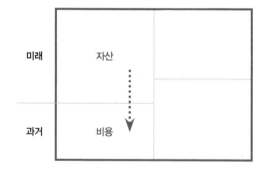

"자, 이제 모든 자산은 비용으로 바뀐다는 것을 아셨죠? 명심해야 할 점은, 자산과 비용은 종이 한 장 차이이며 비용이 늘어나는 원천에는 자산이 있다는 겁니다. 그런데 그걸 모르고 비용 절감을 외치면서 또 한쪽에선 자산에 대

한 투자를 늘리자고 소리칩니다. 정말로 비용을 절감하고
싶으면 비용만이 아니라 자산도 함께 봐야 합니다. 또 자산
을 살 땐 비용으로 잘 바뀌지 않는 것을 사야 하죠. 단기 성
과에만 집착하면 미래를 생각할 시간이 없기 때문에, 현재
의 돈벌이에만 집착하기보다는 미래를 위해 시간과 돈을
투자할 필요가 있습니다. 프로 운동선수가 연습은 안 하고
맨날 경기만 한다면 지금 당장은 좋아 보일지 모르지만 선
수 수명은 아주 짧을 겁니다. 이 부분은 잠시 휴식 시간을
가진 후에 더 자세히 알아보도록 하죠."

　홍영호 회계사는 모든 자산은 비용으로 바뀌고 길게 보
면 자산은 결국 비용이라는 자산과 비용의 본질을 설명했
다. 자산은 많아야 좋고 비용은 적어야 좋다고 생각하는데,
그것은 표면적일 뿐이었으며 모순되는 가치가 공존하는 것
이다. 자산은 미래에 돈을 벌어오는 것이므로 자산이 없으
면 회사의 미래도 없다. 따라서 회사의 성장을 위해서는 비
용으로 바뀐 것 이상의 자산을 채워주어야 한다는 의미다.

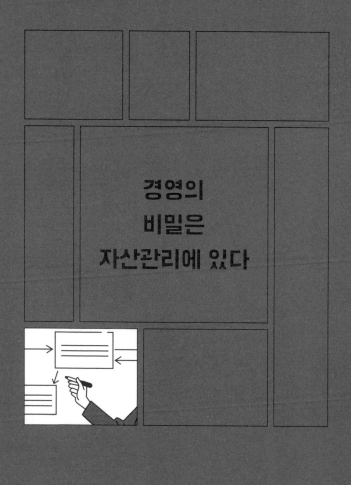

경영의
비밀은
자산관리에 있다

"머니 바이블 블로그에서
더 많은 회계 꿀팁을 전수해 드립니다."

□

휴식시간이 끝나고 다시 자리에 모여 앉은 사람들을 둘러본 홍영호 회계사는 차분한 목소리로 수업을 시작했다.

"이번 시간에는 자산의 종류에 대해 설명을 드리겠습니다."

홍 회계사는 화이트보드에 큼지막한 글씨로 뭔가를 적었다.

부자는 자산을 갖고 있고, 빈자는 비용을 쓰고 있다

국제회계기준에서는 자산을 공정가치로 평가하도록 하고 있는데, 이는 자산의 본질을 제대로 판단한 것이다. 최초에 10억 원에 취득한 부동산이 100억 원이 되었다면 실질 재산가치인 100억 원으로 자산을 평가하는 것이 자산 상황을 제대로 표시하는 방법이다.

중소기업에게는 이런 평가 절차가 복잡하기도 하고, 또 처분할 의사도 없는 사업용 부동산의 경우 시가 상승분을 반영한 가치가 중요한 정보가 아니므로 중소기업회계 기준에서는 취득할 때 지급한 금액인 취득원가로 기록하고 있다.

개념과 계산 방식에서 이렇게 어려운 것이 자산임을 강조하며, 홍 회계사는 좌중에게 질문했다.

"여러분들 주변에 부자 한두 명 정도는 있죠? 그분들이 버는 수입에는 어떤 종류들이 있던가요?"

"부동산 임대수입이요."

"이자수입."

"주식해서 많이 벌던데요."

여기저기서 대답이 쏟아져 나왔다.

"네, 모두 맞습니다. 이자수입, 주식에서 발생하는 배당수입, 부동산 임대수입 등이 있지요. 월급도 있고, 사업을 하는 분은 사업소득도 있습니다. 그렇다면 이런 수입을 얻게 해주는 데에는 그에 따른 자산이 있겠죠? 그 자산에는 어떤 것들이 있을까요?"

"부동산이요."

"주식·채권이요."

"금융자산이요."

홍영호는 여기저기에서 나오는 대답을 그대로 화이트보드에 받아 적었다.

"네. 금융자산, 주식·채권, 부동산은 재테크의 3인방이죠. 부동산은 그중에서도 최고봉이고요. 부자들은 이렇게 월급이나 사업소득 외에도 돈을 벌어다 주는 충실한 자산들이 많이 있습니다. 회사도 이런 자산들이 많으면 돈을 많이 벌 수 있겠죠? 자, 그럼 지금까지 말씀하신 부자들의 자산을 회사에 적용하면 다음과 같습니다."

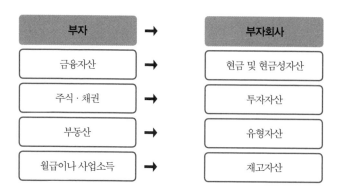

돈 버는 방식에는 회사도 개인과 마찬가지로 3가지 자산이 있고, 거기에 사업을 위해 보유하고 있는 재고자산 하나만이 추가되었다. 하지만 용어는 조금씩 다르게 쓰고 있는데 금융자산은 '현금 및 현금성 자산', 주식·채권은 '투자자산', 부동산은 '유형자산'이라 부른다. 여기에 재고자산을 추가하여 회사의 자산은 네 가지로 구성된다.

"회사의 자산은 크게 네 가지로 구분할 수 있습니다. 회사는 이 네 가지 자산을 가지고 돈을 벌어오는데요. 각 조별로 어떤 자산에 얼마만큼의 금액을 투자했는지 볼까요?"

영호는 전지에 기록되어 있는 각 조별 자산을 다시 화이트보드에 정리했다.

	1조. 유일무이	2조. 주주주인	3조. 언제나대박
현금 및 현금성 자산	30	40	20
재고자산	20	10	100
투자자산	-	80	-
유형자산	150	70	80
계	200억 원	200억 원	200억 원

"1조는 부동산 투자에 관심이 많으신가 봐요? 유형자산 비중이 좀 높게 되어 있네요?"

홍영호가 쳐다보자 오 대리가 자리에서 벌떡 일어나 말했다.

"1조 CEO입니다. 저희는 제조업을 운영하고 있어서 무엇보다 공장 부지와 건물의 가격을 높게 잡았습니다."

재테크의 최고봉이라고 하는 부동산을 회사에서는 '유형자산'이라고 말한다. 유형자산에는 토지나 건물, 구축물 등을 비롯해 기계장치, 차량 운반구, 비품 등과 같이 사업을 위해 사용하는 자산들이 해당한다. 유형자산은 사용할 수 있는 수명이 있기 마련인데 이를 '내용연수'라고 한다. 따라서 유형자산 금액을 제대로 기록하려면 유형자산을 내용연수 동안 일정 금액만큼 계속해서 비용으로 전환시켜 주는 '감가상각'을 해야 한다.

홍 회계사는 이러한 유형자산의 속성에 대해 설명했다.

"1조처럼 유형자산에 투자를 많이 하는 회사는 부동산 관리가 중요하겠지요. 유형자산 면적딩 매출액이나 생산량 지표를 경쟁회사와 비교하면서 관리해야 합니다. 유형자산에 너무 많은 돈을 투자하면 살찐 돼지처럼 잡아먹히는 운명에 처하게 되어 위험할 수 있습니다."

홍 회계사의 지적은 판매 부서와 생산 부서 모두를 겨냥한 말이었다. 제조업처럼 고정비가 많이 들어가는 업종은 손익분기점에 도달할 만큼 제품 판매량을 높이는 것이 가장 급선무다. 손익분기점에 도달하면 그 이후의 매출은 거의 이익이 되기 때문이다.

한편 생산 부서에게는 유형자산의 감가상각이 중요한 문제다. 유형자산의 교체 시기와 재투자 금액을 알려주기 때문이다. 모든 자산은 시간이 가면서 비용으로 바뀌므로 그만큼 채워주어야 한다. 생산설비의 감가상각이 끝났다고 생산을 멈출 수는 없으므로, 현재의 사업을 유지하기 위해서는 재투자가 반드시 필요하다.

이런 점을 강조하면서 홍영호 회계사가 2조를 향해 물었다.

"2조는 주식 같은 투자자산 비중이 높은 걸로 되어 있는데, 특별한 이유가 있나요?"

"우리는 서비스업을 운영하고 있습니다. 그런데 요즘같이 불확실한 시대에는 사업에만 승부를 건다는 건 리스크가 너무 크다고 봅니다. 부자들도 자기 사업으로 버는 돈보다 주식으로 더 큰돈을 버는 경우가 많고요. 뭐, '주주주인'이라는 저희 회사 이름에도 걸맞을 것 같고, 다른 회사

주식을 많이 사서 저희 회사가 그 회사의 주주 주인이 되면 좋지 않습니까? 그래서 저희는 사업과 주식투자에 비슷한 비율로 투자하기로 결정했습니다."

투자자산은 주식이나 채권에 투자하는 것으로, 회사에서 부업을 하는 것이다. 이때 가장 중요한 정보는 시가인데, 고객 관점에서 볼 때 시가는 회사의 재산 상태를 가장 잘 표시해 주는 금액이다. 따라서 시가가 변동되면 변동된 시가로 기록해 줘야 한다. 한편 시가가 떨어지면 평가손실이 발생하고 시가가 올라가면 평가이익이 발생한다.

"네, 요즘은 회사들도 본업만 해서는 먹고살기 힘들죠. 그래서 대부분의 회사들이 주식투자나 부동산 투자를 병행하고 있습니다. 그에 반해 3조는 재고자산에 대한 투자가 제일 많네요?"

3조의 CEO인 재무본부장이 일어섰다.

"3조 CEO입니다. 우리 회사는 도소매업을 운영하고 있고, 지난주에 이미 시장점유율 50퍼센트를 회사 목표로 세웠던 만큼 목표 달성을 위해서 다른 부업보다는 본업인 사업에만 열중하기로 결정했습니다."

재고자산은 상품·제품·재공품처럼 판매를 위해 보유하고 있는 자산으로, 수량과 단가를 계산하여 산정하고 나중에 폐기되거나 평가손실이 발생하면 비용으로 전환해 주어야 한다. 너무 많거나 적지 않게 적정 수준에서 관리하는 것이 재고관리의 핵심이다. 재고자산이 너무 적으면 판매 기회를 놓칠 수 있고, 너무 많으면 현금을 묶어놓게 되기 때문이다.

홍현빈 대리는 자기도 모르게 고개를 끄덕였다. 맞는 말일지도 모른다는 생각이 들었다. 본업에만 매달리는 게 요즘 같은 시대엔 우직하다 못해 미련해 보일 수도 있지만, 그렇다고 주식이다 부동산이다 이것저것 기웃거린 사람치고 막상 큰돈 모은 사람은 많지 않은 게 현실이다. 보통 주식이나 부동산을 불로소득이라 여기기 쉽지만, 절대 그렇지 않다. 엄청난 노력이 뒷받침되어야만 성공할 수 있는 것이다.

홍영호 회계사는 자산과 비용을 미래의 일과 현재의 일로 구분해 설명했다. 연구개발비용이 22조 원을 넘어서고 특허만 20만 건을 보유하고 있는 삼성전자의 사례처럼 대기업은 연구개발에 많은 투자를 하지만 중소기업은 그럴 만한 시간과 돈이 없다. 그러나 역설적으로 연구개발을 안 하기 때문에 경쟁력이 없어지고 먹고살기에 급급해지는 것이다.

즉, 현재 돈 버는 일에만 치중한다면 미래를 위한 투자를 등한시하기 쉬우므로 기업에도 선투자 후소비의 순서를 적용하는 것이다.

"자산을 살 땐 그 자산에서 어느 정도 이익을 낼 수 있을지 신중하게 판단하고 사야 하며, 또 이익을 내지 못하는 자산은 이익을 많이 내는 자산으로 빨리 바꿔야 합니다. 이게 바로 부자가 되는 전략입니다. 그래서 우리에게는 이익을 잘 내는 자산을 발견해 주는 회계정보가 필요합니다."

사람들이 흔히 생각하듯이 기업이 현금을 많이 보유하고 있으면 좋을까? 미래의 불확실성을 대비한다는 측면에서 본다면 여유자금이 많을수록 좋을 것이다. 현금 증가는 기업의 기초체력이 되며 다양한 사업 기회를 창출할 수 있는 조건이 되기 때문이다. 그러나 막대한 돈을 벌어 현금을 쌓아두면서도 투자를 꺼린다면 오히려 주가가 하락하는 요인이 되기도 한다.

다산타이어도 현금이 자꾸 쌓이면서 주주총회에서 주주들이 배당이라도 많이 달라는 요구를 해오고 있었다. 땅속에 독을 묻고 현금을 쌓아두는 것처럼 이자 한 푼 나오지 않는 곳에 현금을 쟁여놓는 것은 이미 기업의 정신을 벗어난 행동이기 때문이다.

재무상태표에서 맨 위에 있는 현금이 가장 안정적인 자산이고 재고자산, 투자자산, 유형자산으로 내려갈수록 회수하는 데 시간이 많이 걸리는 자산, 즉 유동성이 떨어지는 자산들이다. 그러나 미래의 수익을 가장 많이 가져다주는 자산의 순서는 유동성 순서의 반대였다.

"선진국일수록 또 세계적인 기업일수록 금융 부분에 대한 투자가 아주 높습니다. 글로벌 금융시장을 무대로 자금운용팀을 만들어서 이익을 늘려가고 있지요. 학교 다닐 때 배워서 아시겠지만 후진국일수록 1·2차 산업이 발달해 있어요. 선진국이 투자한 금융자산은 후진국의 1·2차 산업자본으로 쓰입니다. 그리고 여기서 벌어들인 이익의 대부분은 다시 외국인인 선진국 투자자들 몫으로 돌아갑니다. 이게 바로 선진국형 경영 방식이지요."

과거에는 기존 사업을 다져 성장하는 것이 일반적이었지만 시간이 갈수록 모母회사가 자子회사를 세워 유연하게 시장상황에 대처해 성공하는 사례가 늘고 있다. 심지어 잘 키운 자회사가 모회사보다 잘나가는 경우도 등장했다. 이 때 모회사는 자회사에 투자한 자금을 재무제표에 '투자자산'으로 기록한다. 모회사는 자회사의 자본을 갖고 있는 주주가 되는 셈이다.

이때 1조의 영업본부장이 볼멘소리로 끼어들었다.

"그 말씀은 본업보다도 부업에 더 매달려야 한다는 건 가요?"

홍영호는 자신의 의도를 어떻게 하면 정확히 이해시킬 수 있을지 잠시 고민하는 눈치였다.

"경영은 자산관리라고 해도 과언이 아닙니다. 즉, 경영은 회사가 보유한 현금으로 가능한 한 많은 이익을 내서 기업가치를 높이는 일이라고 할 수 있습니다. 그러기 위해선 어떤 자산에 투자하는가가 중요하죠. 따라서 수익률이 높은 자산을 찾아 계속적으로 투자를 해야 합니다. 그런데 그런 자산은 재고자산 같은 본업과 관련된 자산일 수도 있고, 금융상품이나 주식·채권 같은 부업 자산일 수도 있습니다. 본업은 관두고 부업에만 치중하라는 말이 결코 아닙니다. 대부분의 사람들이 재테크라고 하면 주식이나 부동산을 생각하는데, 가장 확실한 재테크는 사실 자기계발을 통해 자신의 본업에서 몸값을 올리는 거지요. 3조 CEO께서 말씀하신 것처럼 본업이야말로 자신이 가장 잘 아는 분야이고 가장 잘할 수 있는 분야이기 때문입니다."

홍영호의 설명이 끝나자 영업본부장을 포함한 임직원

들은 모두 수긍하며 고개를 끄덕거렸다.

"그럼 일단은 본업에 집중해야 한다, 이 말씀이네요."

"그렇습니다. 그런데 문제는 본업에도 여러 가지 자산들이 있다는 겁니다. 과연 그 많은 자산 중 어떤 자산에 현금을 투자할 것인지 선택해야 합니다."

홍영호는 다시 화이트보드에 커다랗게 적었다.

투자수익률 = 이익÷투자 금액

"자산이익률은 투자수익률과 동일한 개념입니다. 금융상품과 주식·채권, 부동산에 각각 얼마를 투자했고 거기서 얼마나 많은 이익을 냈는지 그 수익률을 계산합니다. 그 결과들을 비교 검토해 향후 이익을 더 많이 낼 자산을 결정하는 겁니다. 기업의 핵심은 효율성입니다. 예를 들어 학교에서는 국어 90점, 영어 80점, 수학 70점이라면 평균 80점이라는 성적으로 순위를 매깁니다. 여러분이라면 평균 점수를 올리기 위해 어떤 과목을 더 많이 공부하시겠습니까?"

"수학이요."

가만 듣고 있던 홍현빈 대리가 냉큼 대답했다.

"1조 재무이사님을 모의 경영 시뮬레이션 협회 회장으로 모셔야 할 것 같은데요. 목소리가 제일 크세요."

홍영호가 껄껄 웃으면서 말하자 임직원들도 따라 웃었다. 웃음이 잦아들자 홍영호 회계사는 다시 목을 가다듬고 설명을 시작했다.

"그렇죠. 국어 90점을 10점 올려서 100점 맞는 것보다는 수학 70점을 80점으로 올리는 편이 훨씬 쉬울 겁니다. 아마 서울대 학생들도 100점 맞기는 힘들 테니까요. 그런데 우리나라가 아닌 글로벌 선진국이라면 어떤 과목에 치중할까요?"

"국어 아닌가요?"

홍현빈에게 뒤질세라 이번에는 오영탁 대리가 대답을 했다.

"잘하는 것 하나를 더 잘하게 해서 세계 1등으로 만드는 것이 선진 교육입니다. 반면 우리나라는 평균 교육 풍토라서 그런지 기업들도 평균 점수로 순위를 매기곤 합니다. 여러 제품이나 사업부 중 실적이 안 좋은 제품이나 사업부를 끌어올리기에 열중하죠. 이건 평균 이익을 올리는 데는 도움이 되겠지만 글로벌 경쟁에서는 별 의미가 없어요. 글로벌 경쟁에선 평균보다는 1등 과목이 있느냐가 중요합니다. 결국 국내에서 사업하려면 수학을, 글로벌 경쟁을 하려면 국어를 더 공부해야겠지요."

중요한 20퍼센트에 집중투자해야 효과적이라는 것이다. 모든 제품과 고객에 똑같이 투자하는 것은 낭비다. 포트폴리오를 최대한 단순화해 자신이 잘 아는 분야에 집중투자하는 전략이 필요했다.

자산이나 이익은 회사 규모를 측정하는 지표다. 그러나 자산이나 이익의 크기가 크다고 회사를 효율적으로 경영한다고 볼 수는 없다. 주주에게 중요한 것은 '자신이 투자한 돈이 얼마나 효율적으로 운용되고 있는가'이므로 자산이익률(ROA=이익÷자산)이나 자기자본이익률(ROE=이익÷자기자본)로 판단해야 한다. 즉, 투자수익률은 사업에 투자한 돈의 몇 퍼센트가 이익으로 돌아왔는지를 나타내는 것으로, 기업의 '체력'을 측정하는 지표인 셈이다. 많은 돈을 투자해도 새는 돈이 많거나 효율적으로 사용되지 않으면 성과가 적으므로 투자수익률은 낮을 수밖에 없는 것이다.

그때 수업 시간 내내 잔뜩 인상을 구기고 있던 임원 하나가 손을 들었다. 1조의 공채원 생산본부장이었다. 1조는 홍현빈은 물론 오 대리와 영업본부장까지 수업에 가장 적극적으로 참여하는 조였지만, 유독 생산본부장만큼은 수업에 통 관심을 보이지 않았다. 그런 공채원 생산본부장이 마치 먼저 공격하지는 않지만 자신을 건드리는 것은 용서하지 않는 고슴도치처럼 가시를 세우며 말했다.

"글로벌 경쟁을 하려면 국어를 공부하라고 했습니까?"

"네, 맞습니다."

"그럼 수학은 포기해야겠네요."

홍영호는 섣불리 대답할 수 없었다. 생산본부장이 의미하는 바를 정확히 알 수 없었기 때문이다. 그러자 생산본부장이 답답하다는 듯 말을 이었다.

"그러니까 쉽게 말하면, 내가 만들고 있는 제품이 수학에 해당하는 제품이면 앞으로 나는 어떻게 되는 거냐, 이겁니다."

생산본부장이 직접적으로 언급하진 않았지만 수학에 해당하는 제품이 한때 생산본부장이 혼신을 다해 개발에 앞장섰던 솔리드를 가리킨다는 걸 다른 임직원들 모두 짐작하고 있었다. 이젠 사양 제품이 되어버린 솔리드냐, 회사가 새로이 야심차게 출시한 솔리드업이냐의 선택은 생산본부장으로선 풀기 어려운 문제였다. 어쩌면 자신이 회사에 바쳐온 모든 노력이 한순간에 물거품이 될 수도 있는 중요한 사안이었다.

아무튼 그런 생산본부장에게 글로벌 기업이 되기 위해 1등 제품에 주력하라는 말은 충격으로 다가왔을 것이 분명했다.

"주력 제품에 투자하자는 것은 지속가능성을 높이는 경영을 하자는 것입니다. 이것이 요즘 말하는 ESG 경영으로서 우리는 앞으로 계속 이익을 내기 위해 고민해야 하는 것입니다. 수익성 없는 제품을 포기하는 것이 여러분의 일자리를 뺏을 거라는 생각은 오해입니다. 수익성 있는 제품의 사업을 확대하면 오히려 일자리가 더 많아지죠."

잠깐 쉬는 시간에 비서실 직원이 대회의실로 홍영호 회계사를 찾아왔다. 직원은 교육이 끝나면 사장실에 잠깐 들러달라는 박정석 사장의 메시지를 전했다.

홍영호 회계사는 무슨 일인가 잠시 의아했지만, 교육을 처음 시작했을 때 이후로 박정석 사장을 본 적이 없기에 교육 상황에 대해 궁금해하는 것이라 여기며 교육이 끝나고 사장실을 찾았다.

"사장님께서 중요한 회의 때문에 조금 늦으신다고 방금 연락을 주셨어요. 안에서 잠시만 기다려주시겠습니까?"

비서는 홍 회계사를 사장실로 안내했다.

방에 들어서자 홍영호 회계사는 한눈에 박정석 사장이 교육에 관심이 많다는 사실을 알 수 있었다. 방의 한쪽 벽면을 온전히 채운 책장은 회계 관련 책뿐만 아니라 온갖 종류의 책들로 가득 차 있어 박정석 사장이 해박한 지식의 소유자라는 사실을 알려주었다. 박 사장이 이 책들을 얼마나 무서운 속도로 읽어냈을까 하는 상상을 하자 웃음이 나왔다.

문밖에서 박정석 사장의 목소리가 들려왔다. 곧 문이 열리고 서둘러 방 안으로 들어서는 박정석 사장의 얼굴에는 미안한 표정이 역력했다.

"기다리게 해서 미안합니다. 회의가 길어졌어요. 요즘 회사 문제가 복잡하다 보니 회의를 한 번 했다 하면 몇 시간씩 걸리네요. 칸 아이란 문제는 홍 선생도 아시죠?"

TV와 신문을 통해 크게 보도되었던 터라 홍영호도 그 문제에 대해서는 잘 알고 있었다. 특히나 자신이 교육을 담당하는 회사가 갑작스레 그런 상황에 처하자 남 일 같지 않아 내심 걱정하고 있던 차이기도 했다. 이번 주가 고비라는 말이 흉흉하게 들려왔다.

"교육하시느라 고생이 많으시죠?"

"제가 감당해야 하는 일이니까 힘들기보다는 책임감을

느낍니다."

박정석 사장은 잠시 뜸을 들이다가 어렵게 얘기를 꺼냈다.

"실은 지난달에 일부 생산 부서에서 파업이 있었어요. 노조 조합원이 전체 직원의 5퍼센트밖에 되지 않아서 공장은 거의 정상적으로 가동되고 있긴 합니다만 지난달부터 몇 차례나 교섭을 벌이고 있는데 아직도 입장 차가 있어서 공장 노조와 회사 측이 협상하고 있는 상태입니다. 영업 부서에 1인당 400만 원의 특별 공로금을 지급했으니 생산 부서에서도 달라고 하는데 사실 생산 부서는 작년에 실적을 반영해 성과급을 지불했었습니다. 작년에 받지 못한 영업 부서에는 올해 특별 공로금을 지급한 거지요. 그런데도 생산 부서는 자신들도 받아야겠다며 주장을 굽히지 않고 있습니다. 성과급은 성과에 따라 지급하는 것이 목적인데 이것을 차별이라고 말하니 답답한 마음입니다."

영호도 언론을 통해 파업에 대해서는 이미 알고 있었다. 노조는 급여체계 개선과 휴식권 보장을 요구하고 있었다. 그들은 성과급 지급 기준을 EVA(경제적 부가가치)에서 영업이익으로 바꾸고, 포괄임금제·임금피크제 폐지 및 기본금 정액 인상 요구안을 전달했다. 그러나 회사 측에서도 이

전에 정한 기존 임금인상분 외에 추가 인상은 어렵다는 입장을 고수했다. ESG 경영이 화두가 되면서 노사분규나 고용 문제 등이 ESG의 '사회책임경영'으로 포함되었기 때문에 노조와 대결 구도가 벌어지면 ESG 평가에 부정적인 영향을 줄 수 있었다.

"교육은 크게 걱정하지 마십시오. 시간이 갈수록 교육에 적극적으로 참여하는 분위기고, 또 어려운 상황이 오히려 교육에 더 관심을 갖게 해주는 요인으로 작용할 수도 있으니까요."

"듣고 보니 그럴 수도 있겠네요. 회계사님, 잘 부탁드립니다."

박 사장은 홍 회계사에게 당부하고는 말을 이었다.

"나도 실은 홍 선생한테 직접 교육받고 싶은 마음이 굴뚝같아요. 하지만 내가 끼면 직원들이 적극적으로 수업에 참여하겠어요? 토론도 하고 경영 시뮬레이션도 한다는데 내가 있으면 아무래도 불편하겠죠. 수업은 못 들으니 하는 수 없이 독학이라도 하자는 심정으로 홍 회계사님 책들을 모두 읽고 있습니다. 그중에서도 특히 자산과 비용의 차이를 언급한 부분에서 많은 생각을 했죠."

"네. 그 부분이 회계의 핵심인 만큼 생각이 많아지시는 것도 당연합니다."

박정석 사장은 고개를 끄덕거리며 말을 이어 갔다.

"자산을 사라, 비용은 줄여라, 숨어 있는 자산을 찾아라, 이런 말씀들을 많이 하셨는데 무엇이 자산이고 무엇이 비용인지 아는 것이 중요한 거겠죠?"

"맞습니다. 자산이라고 생각했던 것들이 실은 비용인 경우가 많거든요."

"정말 그런 경우가 흔한 것 같더군요. 홍 선생 덕에 자산과 비용의 차이에 대해 명확히 이해하게 됐어요. 아, 그리고 또 한 가지! 국어 공부를 할 것이냐, 수학 공부를 할 것이냐 하는 문제는 정말 우리 일 같았습니다."

홍 회계사는 그런 박정석 사장의 모습에서 그가 갖고 있는 현재의 고민을 대충 짐작할 수 있었다. 그리고 그 추측이 틀리지 않았음을 박 사장과의 대화를 통해서 알 수 있었다.

"이젠 우물 안 개구리로 살 수는 없죠. 세상이 그렇게 살게 내버려 두지도 않고요. 기업이 성장하기 위해선 어떻게든 글로벌 경쟁에서 이겨야 하는데……. 무조건 모든 제품과 모든 사업부에 힘을 쏟을 수는 없고, 될성부른 곳에 힘을 몰아줄 수밖에 없다는 게 제 생각입니다."

박 사장의 생각은 시장에서 흔히 볼 수 있었다. 기업들의 부동산도 대거 시장에 나오고 있는데 지점 통폐합 추세의 영향이 컸다. 수요가 적은 지점의 문을 닫고 지역 내 거점을 두는 방식으로 효율화를 꾀하고 있거나 지점 통합 등 구조조정 이후 부동산을 팔아 현금화하고 있었다. 홍 회계사는 박 사장의 말에 맞장구를 쳤다.

"맞습니다. 한정된 자원으로 여러 가지를 하다 보면 아무것도 안 되죠. 진짜 잘할 수 있는 곳에 집중사격하면 충분히 좋은 결과를 낼 수 있는데도 이것저것 같이 하느라 시간 낭비 돈 낭비만 하다가 결국 흐지부지 끝내는 경우가 많거든요. 특히 영업이익을 늘리려면 저가 모델에서 고가 모델로 갈아타야 합니다."

"강점인 부분을 더욱 확장해야 한다는 말씀이군요. 요즘 들어 나도 내 생각이 틀리지 않았다고 느끼고 있기는 합니다."

결론을 내리듯이 말은 했지만 박정석 사장의 말끝엔 어쩐지 확신이 없었다.

홍영호 회계사는 박정석 사장이 좀 더 구체적이고 확고한 결심을 할 수 있도록 도와줘야겠다고 마음먹었다.

"문제는 과목별로 점수를 분석하고 비교해, 단순히 잘

하는 수준이 아니라 그중 국어 점수가 '가장 좋다'는 것을 알아내는 데 있습니다."

"과목별 점수라뇨?"

박 사장은 거기까지는 생각 못 했다는 듯 되물었다.

"기업의 성적표는 평균 점수만 공개하고 있어서 과목별 점수를 알 수 없는 게 현재의 기업회계죠. 과목별 점수를 공개하지 않아도 누가 뭐라고 하지 않으니 회사 자체적으로 필요한 경우가 아니면 과목별 점수를 계산하지 않는데, 그게 관리회계의 가장 큰 문제라고 봅니다. 하지만 한정된 자원으로 글로벌 경쟁에서 살아남으려면 정확히 무엇에 집중해야 할지 알아야 합니다."

홍영호 회계사의 이야기를 들은 박정석 사장은 흥미롭다는 듯이 말했다.

"기업회계에 그런 문제가 있는 줄은 몰랐군요. 그렇다면 우선 나부터가 먼저 과목별 점수를 정확히 계산하도록 주문해야겠네요."

보이지 않는다고 존재하지 않는 것은 아니다. 중요한 숫자는 어둠 속에 내리는 밤비처럼 세상에 존재하지만, 사람들은 가로등 불빛에 비치는 빗줄기처럼 보이는 것만 보려 하고 있다. 모든 것을 다 보면서도 진정한 회계의 모습은 보지 않고 있는 것이다. 하지만 정말 중요한 것은 눈에 보이지 않는다. 이것은 눈이 아니라 마음으로 보아야 한다. 또 회계가 그것을 위장할 기회와 도구를 너무나 많이 갖고 있는 탓에 사람들은 회계의 본질을 깨닫지 못하고 있는 것이다.

홍 회계사는 박 사장과 직원들이 회계를 눈이 아니라 마음으로 보길 바랐다.

"네, 제가 임직원분들에게 원하는 회계 지식이 바로 그겁니다. 국어와 수학 점수를 정확히 계산해 좋은 점수를 얻고 있는 과목에 집중하라는 거죠."

박정석 사장과 홍영호 회계사의 대화는 다시 책 이야기로 흘러가 한 시간이 넘도록 지속됐다. 문득 벽에 걸린 시계를 본 박정석 사장은 그제야 시간이 많이 흘렀음을 알았다.

"우리 직원들 교육시키느라 고생이 많은데, 오늘 저녁은 내가 살 테니 이만 일어나죠."

"제가 사더라도 교육 실비로 청구되니까 사장님께서 결제하시든 제가 결제하든 중요하지 않을 것 같은데요."

홍영호 회계사의 농담에 두 사람은 유쾌한 웃음을 터트리며 사장실을 나섰다.

아침 8시도 채 되지 않은 시각, 사원 휴게실 안에서 영업부 팀장들이 연신 하품을 하며 커피를 홀짝이고 있었다.

"대체 9시에 하던 회의를 왜 한 시간이나 앞당겨서 하냐고. 다른 부서 직원들은 아직 출근도 안 했는데."

"회의할 사안이 많다잖아요."

홍현빈이 반쯤 눈을 감은 채 잠꼬대하듯 대꾸했다.

"매출? 우리가 못하고 싶어서 못 했나? 현금 매출이다 뭐다 해서 그렇잖아도 죽을 맛인데……."

"아이고, 또 점심때까지 주야장천 깨질 텐데 어떻게 버티나."

홍현빈 대리는 생각하기도 싫다는 표정으로 커피만 홀짝였다. 근속연수로 따진다면 팀장이 되고도 남았겠지만 만년 대리가 팀장 역할을 해야 한다는 것이 불편했다. 행여 과장 승진에 걸림돌이 될 일은 피해야 할 때였다.

그때 옆에 서 있던 3팀장 조민오 차장이 나섰다.

"우리 입장을 솔직하게 말하는 게 낫지 않을까? 사실이 그렇잖아. 일방적으로 본부장님 말에 고개만 끄덕이고 있으면 그게 무슨 회의야? 그냥 명령이지. 위에서도 우리 입장이 정확히 어떤지 알아야 무슨 방안을 모색할 거고……. 안 그래?"

조 차장의 말에 다들 수긍하는 분위기였다.

"하긴 그렇지. 이런 식으로 가다간 매출은 매출대로 안 오르고, 집에도 못 들어가고 밤새 회의만 하게 될지도 몰라. 그래도 영업왕인 조민오 차장이 말해주면 우리 입장에 선 든든하지."

"그래. 오늘은 확실하게 우리의 의견을 말하자고."

팀장들은 서로를 바라보며 약속하듯 고개를 끄덕였다.

"이번 주에도 매출 증가폭이 둔화됐어요! 대체 다들 왜 이래요!"

고래고래 소리를 지르는 영업본부장 앞에서 팀장들은 그저 머리만 조아릴 뿐 누구 한 사람 먼저 나서질 못하고 있었다.

그 와중에 조민오 팀장은 연신 죄송하다는 말과 함께 허리를 굽실거렸다. 회의 전에 솔직하게 말하자는 그 기백은 온데간데없었다. 대체 무엇이 죄송한지 모르겠지만, 영업팀장들은 항상 죄인처럼 살아온 듯 죄송하다는 말만 하고 있었다.

결국 보다 못한 홍현빈 대리가 눈치를 보며 겨우 말을 꺼냈다.

"이번 신제품에 대한 판매 목표치가 너무 높습니다. 아무래도 목표치를 수정해야 할 것 같은데요."

"솔리드업 좋은 거 모르나? 수정은 무슨 수정을 하라는 거야!"

새로 출시된 솔리드업의 완벽성을 거의 맹신하고 있는 영업본부장은 말도 안 된다는 반응이었다.

"회사에서 솔리드업 개발하느라 쏟아부은 돈이며 시간이 얼만데! 이렇게 좋은 제품을 팔지 못한다는 건 영업부의 무능함을 만천하에 알리는 꼴밖에 안 된다고!"

"제품이 좋다는 건 저도 압니다. 그런데 아직까진 고객들에게 잘 먹히질 않아서요. 이렇게 팔리지 않는 제품은 제 영업 경력 7년 만에 처음입니다."

불황에 소비자들이 값싼 상품만을 찾고 있어서 신상품은 모두 재고로 돌아오고 있는 상황이었다. 재고가 늘어나면 상품가치가 하락하여 손실로 연결되기 마련이다. 수시로 물량을 점검하여 각 매장에는 최소한의 수량만 비치하고 고객 반응을 보면서 생산량을 조정하고 있었지만 생산 부서의 파업은 이런 생산시스템을 더욱 어렵게 하고 있었다.

현빈이 지원사격을 요청하듯 다른 팀장들을 쳐다보았

지만 모두들 시선을 피하며 딴청을 피웠다. 회의 들어오기 전에 그렇게 다짐들을 했건만 막상 영업본부장의 질책이 두려워 아무 말도 못하고 있었다. 현빈은 그들이 못내 야속했다.

'배신자들. 뒤에서 딴 얘기할 땐 언제고. 나만 죽어라, 이거야?'

결국 돌아오는 건 영업본부장의 날카로운 목소리였다.

"자네같이 해보지도 않고 포기하는 사람은 내 영업인생 20년 만에 처음이네. 팔라면 파는 게 세일즈맨이야. 그리고……."

영업본부장은 테이블에 놓인 서류들을 이것저것 뒤적거리더니 자료 한 장을 찾아 집어 들었다.

"아, 여기 있네. 사장님께서도 임원 회의에서 이 사안에 대해 말씀하셨는데 말이야. 솔리드, 그거 왜 지금도 팔고 있지? 솔리드는 수익성이 없어서 팔아봐야 손해만 보는 제품인데 왜 힘들게 팔고 있는지 모르겠네. 대체 이유가 뭐야?"

팀장들이 하나같이 고개를 숙이며 대답을 피하자 영업본부장은 또다시 홍 대리를 지목했다.

"홍현빈 대리, 할 얘기 없나?"

"그게 말입니다. 저……."

"서두는 빼고 이유를 말하란 말이야!"

영업본부장의 독촉에 현빈은 식은땀이 났다.

"솔리드와 솔리드업은 주 고객이 많이 겹칩니다. 그래서 솔리드업을 팔려면 솔리드까지 영업을 해야 되는 측면이 있거든요. 막상 같은 고객에게 물건을 파는데, 돈 되는 물건만 팔고 돈 안 되는 물건은 쏙 빼버린다는 게 간사하기도 하고, 또 장기적으로 봤을 때 그러다간 고객들도 등을 돌릴 게 빤하고요."

"아, 노노노."

영업본부장은 검지를 치켜들어 까딱까딱 흔들었다.

"어제 교육은 헛들었나? 홍 강사가 자산관리의 중요성을 설명하면서 수익률이 높은 제품에 집중해야 자산이 늘고, 그래야 부자가 된다고 하지 않았나?"

"그게 아니라……."

영업본부장은 들을 필요도 없다는 듯 홍현빈의 말을 잘랐다.

"문제는 자네들이 판매량에 목을 매고 있다는 거야. 솔리드는 이미 가격이 너무 덤핑돼서 제값을 받는 게 불가능하잖아. 솔리드 2개 파는 것보다 솔리드업 1개 파는 게 훨

썬 마진이 높단 말이지."

"본부장님, 아무리 마진이 높아도 솔리드업만 밀어붙일 경우 기존의 솔리드 고객들이 경쟁사로 이탈할 위험이 있습니다."

홍현빈 대리가 용기를 내 다시 반박했지만 영업본부장은 들으려 하지도 않았다.

"자넨 왜 자꾸 안 된다는 생각부터 하나? 자네가 아직도 대리를 졸업하지 못한 이유를 정말로 모르겠나? 진정한 세일즈맨이라면 북극에서 냉장고를 팔고 사막에서도 난로를 팔아. 매출을 올리려면 기존 고객이 프리미엄 제품을 더 소비하게 만들어야 해. 그리고 유일하게 밥값 하는 조민오 차장도 고개를 숙이는데 밥값도 못 하는 사람들이 왜 이렇게 목이 뻣뻣하지?"

질인가, 양인가? 홍현빈 대리는 선뜻 선택하기 힘든 두 세계 사이에 서 있었다. 한 마리의 새끼를 낳더라도 사자 새끼를 낳을 것인가? 전쟁은 결국 '쪽수'로 승패가 갈린다는데, 역시 양이 질을 좌우하는 것인가?

흥분해서 연신 소리를 질러대는 영업본부장을 보며 홍현빈은 더 이상 대꾸할 말이 없었다. 여전히 두 세계에서 갈피를 잡지 못하고 방황하는 느낌이었다.

경영자는

보이지 않는 것을

보는 것이다.

― 이건희

이익은
버는 것보다
쓰는 것이 문제

공모 제안서는 전혀 진척이 없었다. 첫 번째 주제로 잡았던 채권과 채무관리를 통한 자금관리, 신용관리는 주제만 잡혀 있었다. 거기다 영업본부장이 지시한 솔리드업 매출 계획도 실행이 지지부진한 상태였다. 오늘도 거래처 몇 곳을 들를 계획이지만 과연 매출로 이어질지는 의심스러웠다.

'수익성 좋은 솔리드업은 판매하되 수익성이 좋지 않은 솔리드는 절대 팔지 마라?'

벌겋게 달아오른 얼굴로 고래고래 소리치던 영업본부장을 생각하자 숨이 턱 막혀왔다. 현빈이 보기에 문제는 역시 솔리드와 솔리드업의 고객이 겹친다는 데 있었다. 솔리드를 팔지 않고 솔리드업만 팔면 고객들은 경쟁사로 떨어져 나갈 것이 뻔했다. 고객들은 항상 원스톱 서비스를 원하기 때문에 상호보완관계에 있는 제품은 함께 취급해 구매하는 경향이 있다. 따라서 솔리드를 판매하지 않고 솔리드업만 팔 경우 솔리드 시장을 경쟁사에 뺏기면서 덩달아 솔리드업과 동급의 타이어 시장까지 경쟁사에 밀릴 수 있다는 게 현빈의 판단이었다.

여러 가지 생각을 하며 대회의실로 걸어가던 현빈은 골똘히 생각에 빠진 나머지 화장실에서 나오던 사람을 보지 못하고 그만 부딪히고 말았다.

"아이고, 죄송합니다."

누구인지 고개를 들고 보니 바로 홍영호 회계사가 서 있었다.

현빈은 살짝 목례를 하고 그냥 지나치려 했다. 그런데 홍 회계사가 그를 불렀다.

"홍현빈 대리님, 무슨 생각을 그렇게 골똘히 하세요?"

홍 회계사가 자신의 이름을 알고 있다는 사실에 현빈은 화들짝 놀라며 돌아봤다. 그 모습을 본 홍 회계사가 껄껄 웃으며 말했다.

"홍 대리님께서 적극 수업에 참여해 주시는 덕에 수업

하기가 훨씬 수월해요."

"제가 많이 배우고 있습니다. 워낙 잘 가르쳐주셔서요."

현빈이 쑥스럽게 웃으며 머리를 긁적이고 있는데, 홍 회계사가 현빈의 등 뒤를 보며 누군가에게 인사를 건넸다.

"안녕하세요?"

생산본부장이었다. 현빈도 얼른 목례를 했지만 생산본부장은 무시하는 듯 본체만체하고는 쌩하니 두 사람을 지나쳐 가버렸다.

홍 회계사는 멀어지는 생산본부장의 뒷모습을 눈으로 좇으며 고개를 갸웃했다.

"수업에 도통 관심이 없으시던데, 교육이 맘에 안 드신 건지 내가 못마땅하신 건지……."

홍 회계사의 혼잣말을 옆에서 들은 홍현빈 대리가 손을 내저으며 말했다.

"아니에요. 그저 워낙 무뚝뚝한 성격이시고, 또 요즘 이래저래 안 좋은 일이 많아서 그러실 거예요."

홍 회계사는 박정석 사장에게서 생산 부서의 파업에 대해 들었던 것이 떠올랐다.

"공채원 본부장님 심기가 편치 않으실 거예요. 사실 좀 무뚝뚝하셔도 알고 보면 잔정도 많고 직속 부하 직원들 생각도 많이 하신대요. 물론 저도 들은 얘기라 정확히는 모르지만요."

홍 대리의 얘기를 듣고 있던 홍 회계사는 내심 걱정이 됐다. 회사의 첫째 목표는 이익인데, 그러기 위해선 더 많은 수익을 창출하고 비용을 절감해야 한다는 교육 내용이 괜한 오해를 불러일으키진 않았을까 하는 생각이 들었다. 기업은 사회를 위해 존재하기 때문에 기업의 이윤 추구보다 더 중요한 것은 성실한 기업활동을 바탕으로 사람의 마음을 얻는 것이었다. 사람을 잃는다면 이윤의 의미도 퇴색될 수 있었다.

"그럼 전 수업 준비를 하러 먼저 가보겠습니다."

"아, 네. 오늘도 좋은 수업 부탁드립니다."

홍 회계사가 가고 난 후, 홍현빈 대리는 다시 원래 고민하고 있던 솔리드와 솔리드업 판매에 대해 생각했다. 그러다가 문득 '솔리드와 솔리드업 문제도 숫자를 이용하면 해결되지 않을까?'라는 생각이 들었다.

솔리드업만 팔면 '솔리드+솔리드업'으로 팔 때보다 수익성은 좋지만 그로 인한 판매량 하락을 고려해야 했다. 즉, 한 가지 제품만 판매할 경우에 고객 이탈로 생기는 '탄력성'을 수치화해 본다면 정확한 의사결정을 할 수 있을 것 같았다.

"수익성을 숫자로……. 고객 이탈 수를 수치화화여 탄력성을 구한다. 구체적인 방법이 있어야 되는데……."

"오늘은 이익에 대한 이야기를 해볼까 하는데요. 그전에 먼저, 부자들이나 대기업을 보면 어떤 생각이 드십니까?"

홍 회계사의 질문에 여기저기서 솔직한 대답이 나왔다.

"부럽죠."

"부자가 된 노하우를 알고 싶습니다."

역시나 부럽다는 말이 대부분이었다. 그런데 그 와중에 의외의 대답이 나왔다.

"괜히 기분 나빠요."

1조 CEO인 오영탁 대리였다.

"왜 기분이 나쁘세요?"

홍 회계사가 되묻자 오 대리는 순간 당황했다가 머뭇머뭇 자기 생각을 말했다.

"다들 먹고살기 힘든 때 잘산다는 건 어쩐지 뒤가 구려 보이는 게, 뭔가 편법을 써서 부자가 된 것이 아닐까 싶거든요."

일부 임직원들이 공감한다는 듯 고개를 끄덕였다.

"네, 저도 한때는 그런 생각을 가져서 부자가 되지 않기로 했죠. 한 살이라도 젊었을 때 한 푼도 남김없이 돈을 즐겁게 마구 쓰자, 그런 생각도 했습니다."

홍영호 회계사의 말에 대회의실은 웃음바다가 되었다. 웃음이 잦아들자 홍 회계사가 계속 말을 이어갔다.

"그런데 얼마 전부터 새롭게 느낀 점이 있습니다. 돈을 어떻게 버느냐보다 어떻게 쓰느냐가 중요하다는 겁니다. 매스컴에 떠들썩하게 오르내리는 부자들을 보십시오. 문제는 그 사람들이 돈을 많이 벌었다는 게 아니라 자기만을 위해 이기적으로 돈을 사용했다는 겁니다. 부자가 아닌 경우에도 자기만을 위해 돈을 쓰는 사람들, 예전의 저처럼 젊었을 때 마구 쓰고 죽자는 사람들도 여기에 해당하죠. 왜 그럴까요?"

아무도 대답을 하지 않고 고개만 갸웃거렸다. 부자도 아닌 사람이 자기만을 위해 돈을 쓰는 게 뭐가 나쁜지 의아해하는 표정들이었다.

대답이 없자 홍 회계사가 다시 나섰다.

"부자든 아니든 돈은 자기 힘으로만 버는 게 아니니까요. 혼자 살 수 있는 사람이 없듯이 자기를 둘러싼 사회의

힘과 도움이 있어야 돈도 벌 수 있는 겁니다. 도움을 받았으면 베풀기도 해야겠죠?"

홍 회계사는 잘 벌고 잘 쓰는 것, 즉 이용利用의 개념에 대해 말하고 있었다. 이는 자신의 첫 번째 스승이라 할 수 있는 신성훈 부장으로부터 배운 개념이었다.

홍 회계사가 확인하듯 임직원들을 둘러보았다. 다들 동의하는 표정들이었다.

"그런데 부자가 된다면 더 많이 베풀며 살아야겠죠? 돈의 좋은 점은 많은 것을 할 수 있다는 것입니다. 하지만 돈의 액수만큼 고민도 많아지죠. 천석꾼은 천 가지 고민이 있고 만석꾼은 만 가지 고민이 있다고 하니까요."

"그런데 부자 되기가 쉽지 않잖아요."

누군가 장난스럽게 말하자 기다렸다는 듯 다들 맞는 말이라며 수긍했다.

"그럼 제가 부자 되는 노하우를 알려드리겠습니다. 그건 바로 부자들을 따라 하는 겁니다. 자, 먼저 부자들의 습관부터 살펴볼까요? 부자들에게는 세 가지 공통점이 있습니다."

홍 회계사는 화이트보드로 다가가서 세 가지 사항을 적었다.

- 부자들은 반드시 이익을 낸다.
- 부자들은 현금흐름을 중요하게 생각한다.
- 부자들은 시간과의 싸움을 통해 복리효과를 본다.

"첫째, 부자들은 반드시 이익을 냅니다. 이걸 반대로 얘기하면 손해 보는 일은 절대 하지 않는다는 말이 되겠죠? 그렇다면 이익이란 무엇일까요?"

"수입에서 지출을 빼고 남은 것 아닙니까?"

홍현빈 대리의 대답은 정확했다. 회계에서 이익은 마진을 뜻하는 것으로 매출총이익, 영업이익, 순이익으로 구분하여 기록하고 있다. 이렇게 이익을 구분해 놓은 것은 정보이용자마다 알고 싶어 하는 이익이 다르기 때문이다.

가령 상품이나 제품의 구매와 생산을 담당하는 부서는 얼마에 생산해서 판매하는지가 궁금할 것이므로 매출총이익(=매출액-매출원가)이 중요한 정보일 것이다. 또한 제품의 판매부서는 어느 정도의 판매비를 지출하여 이익을 올렸는지에 대해 궁금할 것이고 이는 영업이익에 나타난다. 한편 경영자라면 생산이나 판매뿐만 아니라 자금관리, 부업까지 모두 포함하여 경영으로 발생한 최종적인 이익을 궁금해할 것이므로 당기순이익이 중요한 지표일 것이다.

"네, 맞습니다. 그럼 수입은 뭘까요? 먼저, 회사 수입 말고 여러분들 수입에는 어떤 게 있는지 말씀해 보세요."

"월급이 있습니다."

교육생들 중 몇몇만이 그렇게 대답하자 홍 회계사가 농담을 했다.

"월급 받는 분이 이렇게 적으세요? 몇 분밖에 대답을 안 하시네요. 좋습니다. 어쨌든 월급은 수입입니다. 또 다른 수입에는 무엇이 있을까요?"

잠시 정적이 흐르다가 1조 CEO인 오영탁 대리가 대뜸 나섰다.

"이자수입이나 배당수입이 있겠죠."

"오호, 오영탁 대리님 부자시군요. 수입으로 생각할 정도라면 이자수입이나 배당수입이 매달 100만 원 정도는 들어온다는 말인데…… 요즘 이자율로 계산하면 3~4억 원 정도 예금을 갖고 계시다는 소린데요."

오 대리는 영호의 말에 민망해졌다. 3~4억 원은커녕 지난달 카드 빚도 해결을 못 한 처지였다. 오 대리는 헛기침을 하며 딴청을 부렸다.

홍 회계사는 화이트보드에 표를 그리면서 말을 이어나갔다.

"여러분들 같은 직장인들에겐 보통 월급(또는 사업소득)이나 이자, 배당, 임대료 같은 수입이 있겠고, 지출로는 보통 생활비 정도가 있겠죠. 만약 수입이 300만 원인데 생활비로 200만 원을 썼다면 이익은 얼마가 남을까요?"

"100만 원입니다."

지출	수입
생활비 200만 원	월급, 이자, 배당, 임대수입 300만 원

"네, 잘 맞히셨습니다. 그런데 차를 한 대 할부로 뽑았습니다. 그래서 이번 달에 할부금 50만 원을 지출했습니다. 그러면 이익은 얼마가 되나요?"

의견들이 분분했다. 누군가는 그대로 100만 원이라고 하고 또 한쪽에서는 50만 원이라고도 했다.

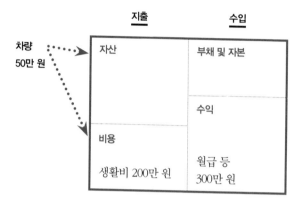

"조금 헷갈리죠? 차량 50만 원이 자산이면 이익은 그대로 100만 원이 될 테지만, 차량이 비용이라면 원래 이익 100만 원에서 다시 50만 원을 빼 이익은 결국 50만 원밖에 안 남게 됩니다. 그렇다면 과연 차량은 자산일까요, 비용일까요?"

홍현빈 대리 역시 쉽게 판단할 수 없었다. 차 한 대를 근사한 걸로 뽑으면 괜히 어깨에 힘이 들어가고, 또 차가 자기 얼굴이라는 사람도 있는 걸 보면 자산인 것 같았다. 하지만 교통비를 아끼려고 지하철로 출퇴근하는 자신의 모습을 떠올리면 아닌 것도 같다.

"지난 시간에 말씀드렸듯이 자산과 비용의 차이점은

미래에 돈을 벌어다 줄 수 있느냐의 여부입니다. 만약 여러 분이 오직 출퇴근용으로 차량을 구입했다면 이건 비용입니다. 이유가 뭘까요?"

홍 회계사와 눈이 마주친 홍현빈 대리가 움찔 놀라며 대답했다.

"미래에 돈을 벌어다 주지 않기 때문입니다."

"네, 맞습니다. 여러분들이 타고 다니는 차량은 돈을 벌어다 주지 않습니다. 그래서 비용으로 처리합니다. 하지만 회사에서 사업용으로 차량 한 대를 구입했다면, 이 차량은 미래에 회사를 위해 돈을 벌어다 줄 것이기 때문에 자산입니다. 즉, 기업회계에서는 차량을 자산으로 기록하고 이익은 100만 원이 될 것입니다. 그런데 이 차량을 천년만년 쓸 수 있을까요?"

"아니요."

이번엔 이구동성으로 쉽게 대답이 나왔다.

"네, 모든 자산은 영구적으로 돈을 벌어다 주는 게 아니라 일정 수명이 다하기 전까지만 돈 버는 일을 합니다. 따라서 구입한 차량을 5년 정도 사용할 수 있다면 5년 뒤에는 자산이 '0'이 되어야 합니다. 결국 50만 원의 자산을 매년 10만 원씩 비용으로 전환해 주어야 하는데 이걸 뭐라고 합니까?"

"감가상각이라고 합니다."

오 대리가 재무부 직원답게 자신 있게 말했다.

"맞습니다, 전문용어죠. 회계가 멀게 느껴지는 것도 이런 어려운 용어들 때문입니다. 어쨌든 방금 말씀드린 대로 50만 원의 자산은 시간이 가면서 수명이 단축되니 그만큼은 비용으로 바꿔줘야 합니다."

홍 회계사의 설명을 잠자코 듣던 홍현빈 대리는 자산을 비용으로 바꿔주는 과정에서 회계를 악용할 경우 분식회계니 하는 문제들이 일어날 수 있음을 어렴풋이 짐작했다.

"자, 우선 자산이 언제 비용으로 바뀌는지부터 정리해보겠습니다. 부자들이 갖고 있는 자산은 예금·적금, 주식·채권, 부동산이 있죠. 세 가지 자산 중에서 예금·적금의 경우 은행 등이 망해서 돈을 못 받게 되면 이때 못 받은 돈은 비용으로 전환됩니다. 회계 언어로 이야기하면 '대손'되었다고 합니다. 주식·채권 역시 시가가 떨어지면 비용으로 바뀝니다. 물론 시가가 하락할 때 자본에서 차감한 다음 처분하는 때에 비용으로 전환하는 경우도 있습니다. 부동산의 경우에는 사용한 수명만큼 비용으로 바꿔주어야 합니다. 회사도 똑같습니다. 부자들의 자산이 비용으로 바뀌는 것과 동일한 방식으로 현금성 자산, 투자자산, 유형자산을 처리하면 됩니다. 다만 회사에는 뭔가가 하나 더 들어갑니다. 원재료나 창고에 쌓여 있는 제품들, 이걸 무슨 자산이라고 했죠?"

"재고자산이요!"

일제히 터져 나오는 대답에 홍 회계사는 미소를 지었다.

"잘 알고 계시네요. 네, 그렇죠. 회사에는 재고자산이 있습니다. 재고자산은 판매를 하면 비용으로 바뀌고 재고는 그만큼 줄어들게 됩니다. 예를 들어 제품을 원가 100만 원에 만들었다면 재고자산에 100만 원이 기록되고, 마진을 20퍼센트 가산해서 판매했다면 재고자산은 제로(0)가 되며 매출원가는 100만 원, 그리고 이익은 20만 원이 될 것입니다."

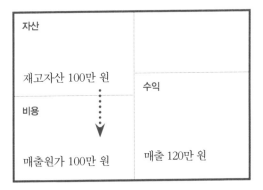

판매될 때 자산에서 비용으로 전환됨

자산	
재고자산 100만 원	수익
비용	
매출원가 100만 원	매출 120만 원

홍 회계사는 화이트보드에 재무제표를 그리면서 재고자산이 어떻게 흘러가는지를 표시했다. 재고자산과 매출원가는 한 몸처럼 움직이는데, 이 둘을 구분하는 기준은 '판매'라는 것이다. 이는 결국 판매된 것과 창고에 남아 있는 것을 비교해서 재고 부담의 수준을 결정해야 한다는 의미이기도 하다.

매출액에서 매출원가를 차감한 금액은 '매출총이익'을 의미하며, 매출총이익에서 판매비와 관리비를 빼면 '영업이익', 영업이익에 영업외손익을 가감하고 세금을 빼면 '당기순이익'이 계산된다. 모든 회사는 이익을 늘리려고 하지만 이익을 늘리기 위해서는 이익의 얼굴들을 제대로 볼 필요가 있다.

"재무제표에서 볼 수 있듯이 자산은 비용으로 전환되면서 수익을 창출합니다. 그런데 여기서 꼭 기억해야 할 사실이 있습니다. '모든 자산은 비용으로 바뀌니까 비용을 줄이기 위해선 비용을 만들어내는 원인인 자산을 무조건 줄여야 한다'는 식으로 생각하면 안 된다는 겁니다. 물론 자산을 줄이면 비용이 절감될 수 있습니다. 그런데 자산에도 여러 종류가 있죠. 그중에서 어떤 자산을 줄일지를 고르는 것이 중요합니다. 어떤 자산을 줄여야 비용을 더 절감할 수 있을까요?"

"돈을 적게 벌어다 주는 자산을 줄여야 합니다."

홍현빈 대리가 자신 있게 대답했다.

"맞습니다. 지난 시간에 말씀드린 것처럼 수익률이 낮은 자산은 처분하고 거기서 생긴 돈을 수익률이 높은 자산에 투자해야 합니다. 그렇다면 수익률이 좋은 자산과 좋지 못한 자산을 구분하고 관리할 수 있어야겠죠? 부자 회사가 되고 싶다면 어떤 자산을 처분하고 어떤 자산에 투자할지 현명하게 결정해야 할 것입니다."

사실 이익의 종류에 따라 경영전략은 달라져야 한다. 매출총이익을 늘리기 위해서는 매출을 늘리는 방법과 매출원가를 줄이는 방법이 있다. 만약 매출총이익이 전년보다 감소했거나 경쟁사에 비해 적다면 그 이유가 무엇인지 의문을 제기해야 한다. 우선 매출액 감소는 판매량이 감소하는 경우와 판매단가가 감소하는 경우가 있다. 판매량을 늘리는 것보다 판매단가를 높이는 것이 회사의 이익을 올리는 데 훨씬 도움이 되지만 일반적으로 회사에서는 가격할인이나 행사비 등을 지출하더라도 판매량을 증가시키는 데 중점을 두는 경우가 대부분이다.

한편 매출원가가 증가하여 매출총이익이 감소하는 경우도 있다. 매출원가는 재료비와 노무비, 경비로 구성되므로 어떤 항목이 매출원가를 증가시켰는지 원인을 분석하는 것이 원가 절감의 출발점이다.

매출총이익에서 판매비와 관리비를 뺀 영업이익이 줄었거나 경쟁사에 비해 적다면 판매와 관리에 들어가는 비용이 역할을 제대로 하고 있는지 확인해 봐야 한다. 이러한 비용들이 실제 영업이익을 올리지 못하면 매출이 늘어나더라도 영업이익은 줄어들기 때문이다.

순이익은 수익에서 모든 비용을 차감한 후의 이익으로, 이익의 종착역이다. 순이익을 개선시키기 위해서는 매출총이익·영업이익·순이익을 분석하여 생산에 문제가 있는지, 판매에서 비용이 많이 발생하는지, 아니면 부업에서 손실을 본 것인지 정확히 분석해야 한다.

홍 회계사는 이어서 조별로 토의할 시간을 주었다.

"지금까지 말씀드린 내용을 한마디로 요약하자면, 부자 회사가 되기 위해선 이익을 많이 내야 한다는 겁니다. 이익을 내는 방법에는 두 가지가 있죠. 수익을 늘려도 되고, 비용을 줄여도 됩니다. 그런데 회사들은 대외적으로 매출액 '300억 원 달성', '시장점유율 30퍼센트 달성'이라는 식으로 말하기를 좋아하죠. 정말로 매출이 이익을 높이는 가장 중요한 요인일까요? 아니면 비용 절감이 이익에 더 큰 영향을 미치는 걸까요? 시간을 드릴 테니 이익을 많이 창출하기 위해 매출을 늘릴지 비용을 줄일지, 또 어떤 것에 더 집중해야 할지에 대해 이야기를 나눠보시기 바랍니다."

홍 회계사가 나눠준 교육자료에는 늘어난 적자 폭을 감당하지 못하고 직원들을 떠나보낸 CEO의 복잡한 심경이 담긴 편지가 있었다. 사장이 직원들을 모아놓고 오늘부터 회사 문을 닫을 수밖에 없다고 공표한 날, 그때 본 직원들의 눈빛을 잊을 수가 없었다고 한다. 그들은 사장을 '직원을 버리는 매정한 사람'이라 여기는 듯한 느낌이었다. 그때의 경험으로 비즈니스 세계의 냉혹함을 뼈저리게 겪은 사장은 편지에서 기업이란 이익을 많이 내서 살아남아야 함을, 비즈니스 현장에서 숭고한 죽음이란 없음을 강조했다.

기업은 사회 번영의 원천이다. 그런 기업의 부실과 부도는 사회에 대한 배신이다. 기업은 우선 살아남아야 한다. 이익을 내지 못하고 쓰러진다면 다른 목표는 아무 소용이 없다. 생존은 모든 기업의 중요한 덕목이고, 생존은 이익의 가장 기본적인 명제였다.

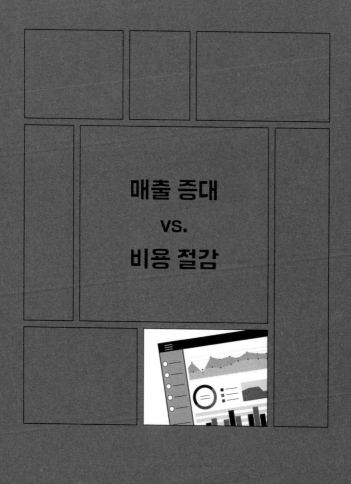

매출 증대

vs.

비용 절감

"매출 증대와 비용 절감 중 어떤 것이 이익에 더 큰 영향을 미칠까요?"

1조 CEO 오 대리가 먼저 말을 꺼냈다. 하지만 이번에도 팀원들은 영업본부장과 생산본부장의 눈치만 살필 뿐 다들 입을 봉하고 있었다. 영업본부장과 생산본부장은 흡사 폭풍 전야처럼 심상치 않은 분위기를 풍겼다.

"영업본부장님 생각은 어떠신지요?"

오영탁 대리가 긴장해 침을 꿀꺽 삼키고는 영업본부장에게 의견을 물었다.

"실제 판매를 담당하고 있는 사람으로서 판단하기엔 매출은 이미 한계점에 도달했다고 봅니다. 경쟁이 너무 치열

해요. 배보다 배꼽이 크다고, 이건 계약 하나 따는 데 마케팅비용에 행사비용은 얼마나 많이 드는지. 거기다 툭하면 할인 쿠폰에 가격 덤핑까지 해줘야 하니, 이게 과연 회사에 이익이 되는 일인지 판단이 안 설 때가 많아요. 더 이상 회사 수익의 책임을 매출에 돌리는 건 무리라고 봅니다."

영업본부장은 매출 확대의 어려움에 대해 한참을 주절주절 늘어놓더니 결국 이렇게 결론을 내렸다.

"그러니까 제가 하고 싶은 말은, 더 이상 매출 증대가 능사인 시대가 갔으니 회사 이익을 높이기 위해선 매출보다는 비용관리가 우선되어야 한다, 이거죠."

생산본부장은 기다렸다는 듯이 반대 의견을 내놓았다.

"비용 절감을 너무 쉽게 생각하시네요. 현실적으로 비용 절감이 매출 확대보다 더 어렵죠. 보세요. 실제 우리 회사도 비용 절감을 위해 얼마나 많은 노력을 했습니까? 그런데 절감액도 미미할뿐더러 부작용만 생겼습니다. 물건 만드는 데 돈을 아끼면 싸구려 제품을 만들 수밖에 없습니다. 비용을 절감해서 얻은 이익은 성장 없는, 쥐어짜기식 이익에 불과한 겁니다. 결국 회사 이익을 늘리는 데 가장 책임이 있는 건 매출 아니겠어요?"

이에 영업본부장은 고개를 저으며 격앙된 말투로 반박

했다.

"마른 수건도 다시 짜봐야죠. 시장이 정체되어 있고 매출은 이미 한계에 다다랐습니다. 한정된 시장에서 박 터지게 남이랑 싸우느니 내부적인 생산 프로세스를 개선해서 비용을 절감하는 게 그래도 더 수월하다, 이겁니다."

"그렇게 비용을 절감해야 한다고 주장하신다면 생산원가 말고 판매비용이나 줄이시죠. 우리 회사 마케팅비용이 다른 회사보다 높다고 들었는데요."

실제로 마케팅비용은 업계 평균을 훨씬 상회하고 있었다. 마케팅비의 비중이 높은 것은 상품에서 차별화를 하지 못하고 비슷한 사업 구조로 경쟁하기 때문이었다. 제품에 들어가야 할 돈이 판매비와 관리비로 흘러가고 있었다.

"비용 절감이 내부적으로 해결할 수 있는 문제라고요? 환율 상승에 원유가는 하루가 멀다 하고 최고치를 경신하고 덩달아 원재료 값까지 치솟고 있는데 내부적인 힘으로 절약할 수 있다고 보십니까?"

"해보기는 하셨습니까? 아무것도 안 하면서 그저 힘들다, 못 한다, 안 된다 하며 버티고 계시는 건 아닌가요?"

"매출은요? 무조건 양으로 승부하려고 드니까 힘들다는 말이 나오죠. 양보다는 질로 경쟁한다면 매출 확대가 더 쉽지 않겠습니까?"

영업본부장과 생산본부장은 싸움을 벌이는 기세로 으르렁대고 있었다. 마치 너무 바짝 감아 튕겨 나갈 듯한 태엽을 손안에 쥐고 있는 것 같은 분위기였다.

둘의 고집이 수업 분위기를 어색하게 만들었다. 그들은 서로의 얼굴에 손톱자국을 내듯이 독설을 퍼붓고 피를 흘렸다. 주는 것 없이 미운 상대가 있기 마련인데 이 둘의 관계가 딱 그랬다. 둘은 생리적으로 도무지 맞지 않았다.

그 와중에 오 대리가 아무 생각 없이 끼어들었다.

"잘 몰라서 물어보는 건데요. 양보다 질로 승부한다는 게 무슨 뜻이죠?"

잔뜩 흥분해 있던 생산본부장은 매섭게 오 대리를 쏘아보며 내뱉듯 말했다.

"판매량보다는 판매가격을 높이는 겁니다."

생산본부장의 말은 정곡을 찌르고 있었다. 가격은 가장 효과적인 이익의 원동력이고 회사는 가격관리에 신경을 써야 했지만 현실은 그렇지 못했다. 그러나 영업본부장은 목에 핏대를 올리며 따지기 시작했다.

"아니, 영업부 아니라고 말을 너무 쉽게 하는 거 아닙니까? 판매가격 올리기가 어디 쉽습니까? 누군 물건 하나라도 더 팔아보겠다고 발에 땀띠 나게 뛰어다니고 있는데 판매가격을 올리라고요? 너도나도 가격 경쟁하는 판에 정신 나간 인간 아니고서야 대체 누가 비싼 물건을 사겠어요? 생산본부장님이라면 사시겠어요?"

"거기서 내 얘기가 왜 나옵니까? 소비자는 가격이 아니라 가치에 반응하는 법입니다. 영업부는 가격과 비용을 낮추는 데만 골몰했지 소비자가치를 높이는 데는 소홀했던 것 아닌가요?"

"뭐라고요! 말씀 다 하셨습니까?"

영업본부장이 벌겋게 달아오른 얼굴로 씩씩대며 분통을 터트렸다. 이때 교육을 받기 위해 본사로 올라온 공장 실무책임자인 이작업 차장이 조심스레 나섰다.

"영업본부장님 말씀도 일리가 있지만 생산부 입장이 좀 그렇거든요. 원가를 절감하라는 지시는 매일같이 내려오는데 원자재 가격은 폭등하고, 그렇다고 인건비를 줄일 수도 없고. 더 이상 절감할 부분이 없어요. 사실 지금 판매가격은 거의 원가 수준 아닙니까? 마진이 안 남을 수밖에 없죠. 그러니까 일단 가격을 조금이라도 올려보는 게 나을 것 같은데요."

영업본부장은 더는 못 참겠다는 듯 불같이 화를 내며

버럭 소리를 질렀다.

"이 판국에 제품가격 올리면 우리만 죽습니다! 그날로 회사 문 닫는다고요!"

"꼭 그렇지만은 않습니다. 원자재 가격이 폭등하는 상황에서는 가격인상의 명분이 있습니다. 우리 원자재 가격 상승이 판가 상승으로 이어진 후 원자재 가격이 하향 안정화될 때 엄청난 마진의 수혜를 입는다는 장기 사이클이 존재합니다."

가격관리는 단지 가격을 낮추는 것만을 의미하지는 않는다. 가격은 고객의 행동을 움직이는 가장 효과적인 수단이고 즉각 실행할 수 있는 도구이며 큰돈을 지출하지 않고도 활용할 수 있는 마케팅 도구였다. 그만큼 가격관리는 경영자가 신경을 써야 하는 부분이다. 그리고 여기서 중요한 것은 가격을 올리고 내리고의 문제가 아니라 '고객이 느끼는 가치'다. 즉 가격을 관리한다는 것은 가치를 관리하는 것이다. 고객이 우리의 제품에 부여하는 가치를 숫자로 바꾸는 것이 가격관리의 가장 핵심적인 과제였다.

좋은 회사라면 직원들이 서로 갈등을 일으키지 않고 자신이 맡은 바를 제대로 해내면서 전체적으로 조화를 이루어야 한다. 그러나 사람들은 항상 자신의 짐이 가장 무겁다고 생각하기에 지금 영업부와 생산부처럼 자신이 진실이라고 믿는 것을 상대에게 강요하기 십상인 것이다. 영업본부장과 생산본부장의 서로에 대한 감정은 이제 파국으로 치닫고 있었다.

가격관리의 핵심을 파악하지 못하는 상황은 다른 조도 비슷했다. 시뮬레이션으로 하는 경영 토론이었건만 실제 자신이 속한 부서의 입장을 대변하는 데 급급한 분위기였다. 다른 조원들은 자신의 배역을 이해하지 못한 삼류 배우처럼 멀뚱히 싸움을 지켜볼 뿐이었다. 팽팽하게 맞선 직원들은 격한 감정만을 앞세워 상대방의 말은 듣지도 않고 있었다.

이 광경을 보며 홍영호 회계사는 문득 말코손바닥사슴이 생각났다. 암컷을 차지하기 위해 생사를 걸고 싸운 말코손바닥사슴은 적자생존의 원리에 따라 큰 뿔을 가진 돌연변이가 되었는데, 이런 큰 뿔이 결국 종족 전체의 위기를 가져오고 말았다. 늑대로부터 도망칠 때 무겁고 큰 뿔이 치명적인 약점이 된 것이다. 기업에서도 이처럼 과도한 내부 경쟁은 결국 기업 전체의 위기를 가져오기 마련이다. 회사에는 다양한 사람이 있지만, 모두 동일한 지점에 모이고 서로 통해야 한다. 제각기 다른 경로로 가더라도 결국 똑같은 목적지에 도달해야만 한다. 이는 서로에 대한 이해가 있어야 가능한 일이건만, 다산타이어 직원들에게는 각자 자신의 목적만 보일 뿐이었다.

연단에 서 있던 홍 회계사가 분위기를 돌리기 위해 마이크를 집어 들었다.

"수익성 제고를 위한 판매량 증대와 가격인상 방안은 언뜻 상충되는 것처럼 보일 겁니다. 판매량을 올리려면 가격을 내려야 하고, 수익성을 극대화하려면 또 가격을 인상해야 하니까요. 그렇다면 매출 증대와 가격인상 중 어떤 것이 더 많은 수익성을 보장할까요?"

홍 회계사의 갑작스런 질문에 대회의실은 순간 조용해졌다. 홍 회계사는 천천히 임직원들을 둘러보고 나서 입을 열었다.

"문제는 매출 증대와 가격인상 중 하나를 선택하려 드는 데 있을 겁니다. 하지만 일류기업의 경우는 다릅니다. 수익성을 높이기 위해서 매출 증대와 가격인상 모두를 달성할 방법을 생각해 냅니다. 그게 뭘까요?"

임직원들은 웅성거리기 시작했다. 아무리 생각해도 매

출 증대와 가격인상을 동시에 달성하는 건 불가능해 보였기 때문이다. 이때 영업본부장이 번쩍 손을 들었다.

"판매량을 올리면서 가격도 올린다, 어떻게 그게 가능하죠? 내 머리로는 도저히 이해가 안 되는데요."

홍영호 회계사는 여유 있게 입가에 미소를 짓더니 다시 임직원들을 둘러봤다.

"여러분께서 다니시는 회사의 사훈이 뭐죠?"

왜 저런 걸 묻는지 모르겠다는 듯 다들 고개를 갸웃거렸다.

"애초에 판매량 증대와 가격인상 중 하나를 선택할 필요가 없다면 문제는 쉽게 해결될 겁니다. 그 해답이 바로 고객 만족, 즉 가치입니다. 제품의 가치가 가격보다 높다면 문제가 되지 않습니다. 가격이 올라간다 해도 고객들은 다른 제품을 구입하지 않을 것이고, 결과적으로 매출액은 증대될 수밖에 없겠죠."

"제품의 차별화가 우선이다, 이 말씀인가요?"

영업본부장이 이젠 좀 이해가 된다는 표정으로 질문을 했다.

"네, 그렇습니다. 하지만 일에도 순서가 있듯이 먼저 가격이 높아지면 제공되는 제품이나 서비스의 질도 같이 좋아진다는 점을 고객들이 알도록 하는 것이 중요합니다. 또한 무조건 생산비 증가에 따라 가격을 인상하는 게 아니라 가격탄력성도 함께 고려해야 합니다. 여기서 가격탄력성이란 가격인상에 따라 고객이 얼마나 빠져나가는지를 체크하는 것입니다."

홍현빈 대리는 자세까지 고쳐 앉으며 영호의 설명에 집중했다. 자신이 지난 한 주 동안 고민했던 문제를 홍영호 회계사가 알아서 체크해 주니 절로 귀가 쫑긋해졌다.

"만약 인상된 가격 덕에 생긴 수익 증가분이 인상된 가격 때문에 떨어져 나가는 고객으로 인한 수익 감소분보다 크다면, 가격을 인상해도 오히려 이익은 증가할 겁니다. 그러니 이때는 가격을 인상하는 게 회사엔 더 좋은 일이겠죠? 또 하나, 기존 제품 외에 프리미엄 제품을 만들어서 고객으로 하여금 선택권을 주는 것도 있겠죠. 누가 더 높은 가격을 지불할 의사가 있는지 파악하고 판매하는 방식입니다."

"가격을 인상하면서 매출 증대도 가능하단 소리군. 그런데도 누군 해보지도 않고 공연한 엄살이나 부리고 있으니 말이야."

생산본부장은 영업본부장 들으라고 일부러 혼잣말하듯 중얼거렸다. 이 말을 들은 영업본부장이 번쩍 손을 들었다.

"판매량 증대와 가격인상 문제는 이제 좀 이해가 갑니다. 하지만 원래 토론 주제는 그게 아니라 매출과 비용이잖아요? 회사 이익을 올리기 위해선 매출을 늘려야 합니까, 아니면 비용을 절감해야 합니까?"

홍 회계사는 영업본부장과 생산본부장을 번갈아 본 후에 천천히 대답했다.

"사례를 들어 판매량 증가와 비용 절감의 효과를 설명해 보겠습니다. 회사가 100억 원의 매출을 올리고 비용으로 90억 원을 쓴다면 마진은 10억 원이 남겠죠. 이때 매출액 10퍼센트 증가와 비용 10퍼센트 절감이 회사에 주는 이익을 살펴보겠습니다."

홍영호 회계사는 화이트보드에 그려진 재무제표에 자산과 비용, 이익을 기입하면서 설명을 이어갔다.

(현재)

자산	
	} 이익 10억 원
비용	수익
90억 원	100억 원

"먼저 매출이 10퍼센트 증가한다면 매출액은 110억 원이 되겠고, 그에 따른 비용도 똑같이 10퍼센트 늘어난다면 비용은 99억 원이 되겠죠. 이때 이익은 매출액 110억 원에서 비용 99억 원을 뺀 11억 원이 될 겁니다. 결과적으로 매출액을 10퍼센트 증가시켰더니 이익은 10퍼센트 증가한 셈입니다. 그런데 만약 매출은 100억 원 그대로인데 내부적으로 비용만 10퍼센트 절감해서 비용이 81억 원으로 줄어들었다고 가정하면, 이익은 매출 100억 원에서 비용 81억 원을 뺀 19억 원이 됩니다. 즉, 비용 절감액만큼 이익이 증가된 셈이죠."

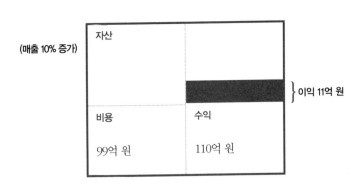

	자산	
(비용 10% 절감)		} 이익 19억 원
	비용	수익
	81억 원	100억 원

    홍영호 회계사의 말은 사실이었다. 실제로도 기업이 비용을 5퍼센트 절감하는 것은 매출이 15퍼센트 늘어나는 것과 동일한 효과가 있다. 그렇다고 매출 확대보다 비용 절감에만 신경을 쓰라는 의미는 아니었다. 손님들에게 퍼주어도 망하는 식당이 없다는 말은 비용 절감보다 박리다매를 통한 매출 확대가 더 많은 이익을 가져온다는 의미이기도 하다. 다만 홍영호 회계사는 이익이 안 나는데 원인을 매출 탓으로만 돌려서는 안 된다는 경고를 한 것이다.

    매출이 밥상이라면 이익은 좋은 음식이다. 밥상을 차려야 음식을 먹을 수 있지만, 밥상 위에 나쁜 음식만 있다면 먹을수록 건강에 해로운 법이다. 마찬가지로 매출이 있어야 이익이 생기지만, 회사의 건강을 지키려면 이익을 내는 좋은 음식을 먹어야 하는 것이다.

홍 회계사는 다시 교육 담당자에게 자료를 나눠주라고 요청했다.

"지금 나눠드린 자료는 실제 회사에서 작성하는 재무제표 양식들입니다. 이익이 어떻게 나는지 재무제표를 통해 검토해 볼 겁니다. 보시면 알겠지만 손익계산서는 지금까지 제가 화이트보드에 적었던 재무제표 양식과 좀 다르죠?"

홍영호 회계사가 재무제표 하나를 다시 화이트보드에 그렸다.

	자금 유출	자금 유입
재무상태표	자산	부채 및 자본
포괄손익계산서	비용	수익

"본 재무제표에서 수익과 비용 부분만 떼어내 만든 것이 손익계산서입니다. 여러분께서 받으신 재무제표에도 나와 있는 것처럼 손익계산서는 세로 양식으로 작성되어 있습니다."

포괄손익계산서

제30기 2023년 1월 1일부터 12월 31일까지
제29기 2022년 1월 1일부터 12월 31일까지

계정과목	30(당)기	29(전)기
매출액	100,000,000,000	80,000,000,000
매출원가	90,000,000,000	70,000,000,000
매출총이익	10,000,000,000	10,000,000,000
판매비와 관리비	9,000,000,000	8,000,000,000
영업이익	1,000,000,000	1,000,000,000
금융수익	500,000,000	1,000,000,000
금융원가	300,000,000	700,000,000
순이익	1,200,000,000	2,300,000,000
포괄손익	100,000,000	200,000,000

임직원들 대부분은 손익계산서를 금방 찾았지만 몇몇은 설명을 듣고도 손익계산서를 찾지 못해 한참을 헤매고 있었다. 홍 회계사는 그 모습을 보며 이해한다는 듯 고개를 끄덕였다.

"회계팀이 아니고선 대부분 재무제표를 처음 보시는 거라 좀 헷갈리고 머리도 아프실 텐데요. 우선 손익계산서를 보면 첫째 줄에 뭐가 나옵니까?"

"매출액이 나옵니다."

한 임직원이 큰 소리로 대답하자, 홍 회계사가 미소를 지으며 말했다.

"첫째 줄에는 매출액이 아닌 '제30기 2022년 1월 1일부터 12월 31일까지'가 나오죠."

생각지 못한 홍영호 회계사의 대답에 여기저기서 피식피식 실소가 터졌다. 그러나 재무제표에서 시간의 개념은 정말 중요하다. 초보자들이 자주 저지르는 실수 중 하나가 바로 열심히 숫자를 기록하면서도 정작 이 숫자가 발생한 시기를 쓰지 않거나 보지 않는 것이다. 이는 날짜를 보지 않고 신문이나 뉴스를 보는 것과 다름없다.

재무제표를 처음 보고 당황했을 임직원들의 긴장이 어느 정도 풀린 듯하자 홍 회계사는 본론으로 들어갔다.

"언제부터 언제까지라는 시기 표시는 본 손익계산서가 특정 기간에 해당하는 회사의 실적을 나타낸다는 것입니다. 자, 그럼 본격적으로 그 내용을 들여다보시면 박스 안 첫째 줄에는 매출액이 나옵니다. 30기 매출액은 얼마죠?"

"1000억 원입니다."

손익계산서가 조금 익숙해졌는지 쉽게 대답이 나왔다.

"네, 맞습니다. 매출액은 제품을 판매해서 번 금액이니까 매출액 1000억 원은 수익에 해당됩니다. 둘째 줄에는 매출원가가 나옵니다. 매출원가는 판매된 제품의 원가를 의미하기 때문에 비용이고, 나머지 판매되지 않은 제품은 재고자산으로 남아 있게 됩니다. 만약 1000억 원어치 원가의 제품을 만들어서 이 중 900억 원어치의 제품만을 팔았다면 나머지 100억 원어치 제품은 아직 창고에 있기 때문에 재고자산은 100억 원이 되고, 900억 원은 매출원가인 비용으로 떨어지게 되겠죠."

홍영호 회계사는 제품을 만들어 판매하는 과정에서 자금이 어떻게 흘러가는지를 표로 나타냈다.

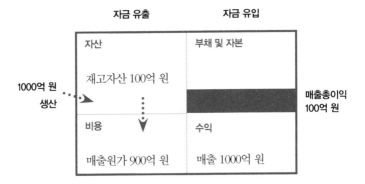

자금 유출	자금 유입
자산	부채 및 자본
재고자산 100억 원	
비용	수익
매출원가 900억 원	매출 1000억 원

1000억 원 생산

매출총이익 100억 원

"자, 이제 원가 900억 원으로 만든 제품을 1000억 원에 팔았다는 사실을 알 수 있겠죠? 그리고 이 매출액 1000억 원에서 원가비용 900억 원을 뺀, 그 차액인 100억 원이 매출총이익이 됩니다. 이렇듯 매출총이익은 원가 얼마에 제품을 만들어서 얼마에 제품을 팔았는지를 알려줍니다."

홍영호 회계사는 인쇄된 손익계산서를 보면서 설명을 이어갔다.

"매출총이익 다음에는 판매비와 관리비가 나오는데요. 이는 원가 900억 원의 제품을 팔거나 관리하기 위해 들어간 비용들을 말하는 겁니다. 총 90억 원의 판매비와 관리비를 썼으니까, 매출총이익 100억 원에서 이 90억 원을 차감하면 결국 10억 원의 이익이 생기죠. 이 10억 원은 회사에서 제품을 만들고 관리와 판매 등 영업을 해서 벌어들인 이익이기 때문에 영업에서 발생한 이익, 즉 영업이익이 됩니다."

홍영호 회계사는 판매비와 관리비가 비용에 해당한다는 의미로 재무제표 비용 칸 매출원가 밑에 판매비와 관리비를 기입했다.

자금 유출	자금 유입	
자산	**부채 및 자본**	
재고자산 100억 원		**영업이익 10억 원**
비용	**수익**	
매출원가 900억 원 판매비와 관리비 90억 원	매출 1000억 원	

"어떤 회사든 제품을 생산(또는 구매)하고 판매하는 두 가지 흐름으로 모든 부문이 나뉩니다. 마찬가지로 비용도 제품을 생산하면서 발생한 '매출원가'와 판매하면서 발생한 '판매비와 관리비'로 구분됩니다. 이 외에도 금융자산에

서 발생한 금융수익 등의 부업소득이 있을 수 있습니다. 과거에는 부업소득을 영업외수익과 비용으로 분류했는데 국제회계기준이 도입되면서 영업손익과 영업외손익을 구분하지 않아도 되도록 바뀌었습니다. 그리고 계정과목들도 해당 회사에서 자율적으로 정하기 때문에 종전과 차이가 있고 회사 간에도 비교가 어려울 수 있습니다."

"영업손익과 영업외손익을 구분하지 않는 건 본업과 부업의 구분이 중요하지 않아서인가요?"

"그것보다도 본업과 부업을 구분하는 것이 어려워졌기 때문입니다. 올림픽에서 우리나라와 맞붙었던 일본 컬링 대표팀의 경우 비시즌 때는 보험설계사나 자동차 판매원 등으로 활동하는데, 이들의 본업은 무엇이고 부업은 무엇일까요?"

배당금 수입이나 부동산 임대료는 부업에서 발생한 수입으로 보기 쉽지만 지주회사의 경우에는 배당금이나 부동산 임대료, 상표권 수입 등이 본업이기에 영업이익에 해당한다. 거기다 월급만으로는 답이 안 나와서 퇴근 후 알바를 뛰는 N잡 직장인들이 늘어나고 있어 본업과 부업을 구분하기는 더욱 어려워지고 있었다. 본업과 부업 실적을 회사 자율에 맡겨놓으니 자신에게 유리한 쪽으로 가져다 붙이는 경우가 발생해 비교가능성이 떨어지고 있는 상황이었다. 부동산이나 설비를 판 금액을 본업에서 발생한 영업이익으로 기록하여 전년도보다 이익이 급증하기도 했다.

매출이 증가하더라도 이것이 가격상승이 아닌 판매량 증가에 기인한 것이라면 오히려 이익이 줄어드는 경우도 있다. 즉, 판매량을 늘리기 위해 신제품 개발과 마케팅에 주력하다 보면 연구개발비와 마케팅비용이 급증하여 매출이 늘어도 이익이 줄어드는 것이다. 기간별로도 각종 충당금을 설정하는 4분기에는 이익이 감소하곤 한다. 이처럼 주관적이거나 일회성을 띄는 요소들은 회사 간에 통일성이 없기 때문에 회계를 모르는 사람들의 혼란을 더욱 가중시킨다.

국제회계기준에서는 포괄손익계산서를 작성하도록 하고 있다. 이것이 당기순이익 밑에 포괄손익을 기록하는 방식이다. 포괄손익은 당기손익으로 인식하지 않는 수익·비용으로, 자산재평가손익이나 매도가능금융자산평가손익 등을 말한다.

또한 국제회계기준에서는 손익계산서의 계정과목에 대해서도 최소 항목만 제시하되, 경영 상태를 이해하는 데 필요한 경우 각 회사마다 자율적으로 계정과목을 추가할 수 있도록 해놓았다. 이에 따라 손익계산서는 대폭 간소화되었고, 대신 주석에서 이 내용을 설명하게 되었다. 주석은 재무제표의 숫자가 산출된 근거나 정책 등을 상세히 적어놓은 것을 말한다. 결국 손익계산서에 나온 경영성과를 정확히 이해하기 위해서는 주석을 자세히 살펴봐야 한다. 이렇듯 국제회계기준에서는 원칙만 정해주고 세세한 회계처리와 계정과목은 회사가 스스로 정하도록 하고 있으므로 기업 간에 비교가능성이 떨어질 수 있다.

결국 기업 간 비교를 위해서는 숫자 이면에 있는 경영 흐름을 먼저 이해해야 한다. 국제회계기준은 일부 부서뿐 아니라 전 회사 차원에 고민거리를 던져주고 있는 것이다.

홍영호 회계사는 화이트보드에 있는 내용을 전부 지우고 수익·비용·이익 항목을 요약해 적었다. 교육생들은 홍회계사가 그린 표를 찬찬히 보며 각각의 항목들을 되새겼다.

열심히 수업을 듣던 영업본부장이 갑자기 뭔가 떠올랐는지 얼굴이 굳어지더니 번쩍 손을 들었다.

"그러니까 결국 이익을 늘리는 데 매출과 비용 중 어느 쪽 책임이 더 크다는 겁니까?"

홍영호 회계사는 영업본부장이 질문한 의도를 간파하고 미소를 지었다.

"네. 판매량과 비용 문제에 대해서 다시 한번 말씀드리면, 요즘은 판매량 증대로 수익을 늘리는 것보다는 비용을 줄이는 것이 더욱 효과적이라는 게 일반적인 시각입니다."

자산	부채 및 자본	
	수익	(이익 구분) **매출총이익** **영업이익** 순이익
비용 　매출원가 　판매비와 관리비 　기타비용 　금융원가	매출 기타수익 금융수익	
포괄손실	**포괄이익**	**포괄이익**

예로부터 부자가 되는 길은 '근면'과 '절약'에 있다고 했다. 홍 회계사는 신성훈 부장을 보면서 이외에 다른 길이 필요하지 않음을 깨닫게 되었다.

홍 회계사의 말이 끝나기가 무섭게 영업본부장과 생산본부장의 표정이 엇갈렸다. 영업본부장은 재판에서 이긴 사람처럼 입꼬리를 늘리며 두 주먹을 불끈 쥐었고, 생산본부장은 패잔병처럼 가늘게 한숨을 토하며 어깨를 늘어뜨렸다.

그러나 비용을 줄이는 것만이 중요하고 매출은 중요하지 않다는 말은 아니다. 이제 막 사업을 시작한 회사라면 매출이 중요할 수밖에 없다. 비용 절감은 그 이후의 문제다. 안정적인 판매량이 나오기 전까지 적자가 두렵다고 해서 비용을 아끼는 데만 혈안이 되어서는 안 된다. 손익분기점에 도달하기 전까지는 판매량 증대가 우선이다. 일정한 판매량을 달성한 이후에야 비용 절감과 원가 개선 노력이 필요한 것이다. 그래서 유능한 기업들은 영업형 CEO와 관리형 CEO를 번갈아 임명한다. 성장과 비용 절감이 맞물려 돌아가야 한다는 것을 알고 있기 때문이다. 홍 회계사가 비용 절감을 강조한 것은 다산타이어의 경우 매출이 적은 것보다 비용 절감이 안 되고 있다는 점이 더 문제임을 파악했기 때문이다.

좋은 자산과
나쁜 자산

영업본부장과 생산본부장의 반응은 희비가 엇갈려 있었다. 이를 지켜보던 홍영호 회계사는 묘한 웃음을 지으며 말을 이었다.

"많은 회사가 비용 절감을 이유로 제품의 질을 떨어뜨리는데, 비용 절감은 제품의 가치가 줄어들지 않는 것을 전제로 한다는 걸 명심해야 합니다. 또 잊지 말아야 할 점이 하나 있는데, 비용은 제품을 만드는 데 드는 제품원가만을 의미하는 게 아니라는 겁니다. 비용에도 여러 가지가 있다는 것을 배우셨습니다. 그렇다면 어떤 비용을 줄여야 하는지 알아야 합니다. 생산에서 비용이 많이 발생한 건지, 판매하면서 발생한 비용이 과다한 건지, 아니면 영업은 잘했는데 부업을 잘못해서 비용이 발생한 건지를 알아야 제품의 가치를 유지하면서 비용을 절감할 수 있습니다."

한껏 침울해하던 생산본부장의 얼굴에 금세 환희가 일렁였고, 영업본부장은 인정할 수 없다는 듯 입을 반쯤 벌린 채 멍한 표정을 지었다.

"그런데 어떤 문제든 원인과 대책을 파악하기 위해선 비교분석이 필요하죠. 올해 우리 회사가 장사를 얼마나 잘했는지 알기 위해서는 작년의 회사 실적과 비교하거나 아니면 경쟁회사의 실적과 비교하는 게 효과적이듯이, 비용도 비교분석을 통해 문제가 어디서 생겼는지 파악해야 합니다. 제가 더욱 강조하고 싶은 점이 바로 이것입니다."

홍영호 회계사는 화이트보드 한쪽에 강의 초반에 그렸던 재무제표를 다시 그렸다.

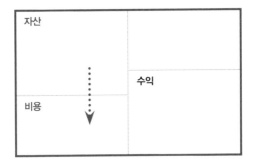

"회사는 돈을 들여 자산을 구입하지만 구입한 자산이라고 해서 영원히 쓸 순 없죠. 시간이 가면서 자연히 망가지고 못 쓰게 되면서 언젠가는 비용으로 바뀝니다. 결국 모든 비용은 자산에서 나옵니다. 그러니 비용이 무조건 나쁜게 아닙니다. 무조건 비용을 줄이자는 말은 결국 무조건 자산을 줄이자는 말과 같습니다. 당연히 위험하겠죠. 그럼 어떻게 해야 할까요?"

홍영호 회계사의 시선이 홍현빈 대리에게 멈췄다.

순간 움찔 놀랐던 홍현빈 대리는 이내 큰 목소리로 대답했다.

"좋지 않은 자산을 골라내야 합니다."

"좋지 않은 자산은 뭔가요?"

"돈을 벌어다 주지 못하는 자산입니다."

"네, 1조의 재무이사를 맡고 계신 홍현빈 대리님께서 잘 대답해 주셨는데요. 맞습니다. 자산들을 세분화해서 각각의 자산들이 수익을 얼마만큼, 얼마나 오랫동안 올려주는지 살펴보고 수익률이 떨어지는 자산을 골라내야 합니다. 그래서 수익률이 낮다고 판단된 자산에는 더 이상 돈을 쓰지 말고, 수익률 높고 수명도 긴 자산으로 바꾸어주는 자산관리를 해주어야 비용이 절감됩니다."

그러나 손절매는 말처럼 쉬운 것이 아니다. 투자한 비용과 시간이 아깝기도 하고 언젠가 극복이 될 것이라는 막연한 기대감도 있기 때문이다. 특히 성공한 경영자일수록 자신의 경력에 오점을 남기고 싶어 하지 않는다. 또한 경영자들은 과거의 성공 경험 때문에 현재의 상황을 긍정적으로 판단하는 경향이 있다. 그러다 보니 불경기나 저성장에서 발생하는 문제를 구조조정보다는 신규 사업을 통해 해결하려는 실수를 저지르곤 한다.

보기에는 괜찮아 보여도 내가 잘 모르는 것보다는, 보기에는 별로라도 내가 잘 아는 것으로 시작해야 사업을 더 잘할 수 있는 법이다. 가계에서 적자가 나면 투자를 하거나 빚을 내서 사업을 시작할 것이 아니라 생활비를 줄여 흑자로 만드는 것이 먼저다. 그러나 사람들은 모든 자산이 가치 있다고 착각해 좋은 자산과 나쁜 자산을 고르려는 시도조차 하지 않는다.

회사에서 돈이 들어오는 통로로는 영업활동, 투자활동, 재무활동 세 가지가 있다. 재무활동은 펌프질을 할 때 맨 처음에 넣는 한 바가지의 마중물과 같다. 사업 초기에는 마중물이 필요하지만 계속 마중물만 넣어서는 곤란하다. 이제 펌프질을 통해 물을 끌어올려야 하는데, 이는 영업활동에서 나와야 하며 재고자산을 사고파는 활동이 모두 여기에 해당한다. 한편 시간이 흐르면서 더 이상 물을 끌어내지 못하는 펌프는 팔고 새로운 곳에 펌프를 뚫어야 하는데 이것이 시설투자나 매각 같은 투자활동이다. 펌프질을 해서 물을 끌어 올리듯, 경영도 들어오는 현금이 나가는 현금보다 많도록 관리하는 자산관리가 현금관리의 핵심이다.

홍 회계사가 이러한 자산관리의 중요성에 대해 말하고 있을 때 생산본부장이 손을 들었다. 무엇 때문인지 심기가 잔뜩 불편한 표정이었다.

"솔직히 전 이 교육의 목적이 뭔지 모르겠습니다. 돈 못 벌어다 주는 자산을 골라서 비용을 줄이자고요? 그 말은 지금까지 열심히 회사를 위해 일해온 사람들을 정규직에서 비정규직으로 전환하거나 국내 공장을 인건비가 싼 해외로 이주시키고 공장 직원들을 다 잘라도 된다, 이건가요?"

내심 걱정하던 것이 오고 있었다. 강의 시작 전부터 염려했던 부분이 기어코 제기되었던 것이다.

교육장 안이 술렁거리기 시작했다. 생산본부장의 발언에 다른 임직원들도 동요하는 분위기였다. 이때 영업본부장이 기선을 제압하듯 자리에서 벌떡 일어나 생산본부장을 향해 소리쳤다.

"왜 좋은 취지의 교육을 그렇게 극단적으로 나쁘게 보는지 이해가 안 되는군요. 작년 우리 회사 손실 폭을 보세요. 생산 부서에서 할 말이나 있습니까?"

생산본부장도 질 수 없다는 듯이 쏘아붙였다.

"회사 측은 항상 손실을 생산부 탓으로만 돌리는데, 우린 죽어라 열심히 물건을 만들어냈을 뿐입니다. 그게 잘못입니까? 그리고 작년에 적자가 난 건, 회사에서 너무 공격적으로 해외시장을 개척하면서 지출한 비용 때문이지 않습니까? 밖으로 나돌면서 돈만 써대지 말고 회사를 위해 몸 바쳐 일하는 공장 사람들부터 생각하셔야죠."

"해외시장 개척비는 장부에는 비용으로 처리되지만 조만간 매출 향상에 기여할 부분입니다. 제발 좀 멀리 보세요. 우물 안에 갇혀서 옛날에 하던 대로만 하려 들면 무슨 발전이 있겠어요? 그렇게 생각이 꽉 막혔으니 일감도 없는 2공장과 3공장의 여유 인력을 1공장으로 돌리지 못하고 결국 생산성까지 떨어지게 만든 거 아니에요?"

회사의 주력 제품인 솔리드업을 생산하는 1공장에 인력 충원 문제가 생기자 회사 측은 2공장과 3공장의 인력을 전환배치하고자 했다. 하지만 복지 등의 문제를 제기한 생산부의 파업으로 공장은 제대로 운영되지 않고 있었다.

각 부서별로 재무제표를 사용하는 목적은 다를 수 있다. 제품을 판매하는 부서에서는 손익계산서의 재무 정보를 기초로 제품을 판매하기 위해서 받아야 하는 최소한의 가격과 할인할 수 있는 조건, 할부 조건 등에 대한 의사결정을 내릴 수 있어야 한다. 또한 제품별 수익성을 파악하여 주력으로 내세울 만한 제품을 찾아야 한다. 한편 제품을 생산하거나 구매하는 부서는 자신이 구매하거나 생산하는 제품의 원가를 절감하고 적정재고수준을 유지하면서 회사의 마진을 올려나가도록 해야 한다.

숫자는 경영이라는 현실을 비추어 각 부서와 사람들이 얼마나 소중한 존재인지 알려주어야 하지만 현실은 그렇지 못했다. 재무제표는 사용하는 사람에 따라 약이 될 수 있으나, 그들은 서로 상대편을 공격하는 독으로만 사용했다. 숫자는 이성의 눈으로 보면 객관적이었지만, 감성의 눈으로 보면 너무나도 주관적이었다.

"애초에 비정규직 문제만 아니었어도 그렇게까지 되진 않았을 겁니다. 그리고 무조건 1공장에 비해 2·3공장의 생산성이 떨어진다고 주장하시는데 언제 사측에서 직원들에게 구체적인 생산성 수치를 보여준 적 있습니까?"

생산본부장은 자신이 한때 개발에 앞장섰던 솔리드를

생산하고 있는 2·3공장에 대한 애착이 남달랐다.

"주장을 하실 거면 공장별로 어느 정도 생산성이 떨어지는지 숫자로 보여주세요. 이번 교육이 숫자의 중요성을 배우자는 취지로 만들어졌다고 하는데, 회사 측부터 그 취지에 맞게 실천해야 되지 않겠어요?"

생산본부장의 주장에 영업본부장은 기가 차다는 듯 입을 다물었고, 이 문제로 여기저기서 임직원들끼리 설전이 벌어졌다. 생산본부장은 회사가 사측에 유리한 정보만을 이용하고 있는 거라 생각하고 있었다. 사람은 자기에게 유리한 것만 골라 이익을 위해 쓰기 마련이다. 정보는 '얼마나' 알리느냐가 아니라 '어떻게' 알리느냐가 중요한 것이다. 숫자의 핵심 역시 양이 아니라 '해석'이다.

수업 막바지에 불거진 이 사안은 몇몇 임직원들에겐 생존권이 걸려 있는 문제인 만큼 분위기는 급격히 심각해졌다. 여기저기서 언성이 높아졌다. 어쩌면 교육이 진행 중인 이 시간에도 회사 측은 생산성 저하와 인건비 절감을 이유로 정규직을 비정규직으로 대체하는 작업을 진행하고 있을지도 몰랐다.

홍영호 회계사는 다음에 할 마지막 수업을 어떻게 진행해야 할지 몰라 난감해졌다. 또한 수익률이 떨어지는 자산을 골라 비용을 절감하자는 자신의 강의 내용이 해고가 자유롭고 퇴직금 같은 비용이 들지 않는 비정규직으로의 전환을 주장하는 것으로 오해를 받지 않을까 걱정스러웠다. 분명 비정규직 전환이 단기적인 비용 절감에는 도움이 될 수 있겠지만, 장기적으로 보면 이직이 잦고 책임감이 부족해 오히려 인건비 외의 추가 비용이 발생한다는 점을 전달하고 싶었다. 하지만 홍영호 회계사의 의도가 전달되기에는 분위기가 너무 차가웠다.

투자도 비용도

똑같은 지출이다.

- 피터 드러커

매출보다 이익,
이익보다 현금

다산타이어 영업부 팀장들이 바라는 건 근로기준법상 근무시간 준수가 아니었다. 단지 황금 같은 주말에 끝나지 않을 것처럼 이어지는 회의만큼은 피하고 싶었을 뿐이다. 이번 주 토요일에는 매월 있는 목표 판매수량과 판매액에 대한 본사 회의 준비를 겸한 영업본부장 주재의 팀장급 회의가 있었다.

"홍현빈, 자네는 왜 요것밖에 못 팔았어?"

영업본부장은 존칭도 생략한 채 팀장들을 몰아세우기 시작했다.

영업본부장과 눈이 마주친 홍현빈 대리의 등줄기에서 식은땀이 흘러내렸다. 홍 대리가 아무 말도 못 하자 영업본부장은 답답한 듯 재촉했다.

"그럼 자네 팀 영업실적이 바닥인 이유는 아나?"

죽을 맛이있다. 홍 대리가 팀장으로 있는 영업 2팀은 몇 개월 전부터 실적이 형편없었다. 실적 저조로 2팀장이 회사를 나간 뒤 홍 대리가 임시 팀장을 맡고 팀장 회의에 참석하고 있었다. 가장 답답한 사람은 홍현빈 대리 본인이었다.

"석 달째 실적 꼴찌야. 계속 월급만 축낼 거야?"

"사실은……."

홍현빈 대리는 머리를 조아렸다.

"말하지 말게. 하고자 하는 사람은 방법을 찾고 하기 싫은 사람은 핑계를 찾지. 결국 열정이 없다는 말이야."

본부장은 '열정'이란 단어에 힘을 주고선 말을 이었다.

"이건 능력의 문제가 아니라 태도의 문제인 거야."

한심하다는 듯 혀를 차며 홍 대리를 쳐다보다가 영업 3팀장인 조민오 차장에게로 시선을 돌리는 순간 영업본부장의 얼굴에 미소가 떠올랐다.

"회사에서는 돈이 인격이야. 유일하게 밥값 하는 조 차장, 비결이 뭔가? 자네의 뇌 구조가 궁금하구만."

영업본부장은 말투부터 부드러워졌다. 작년 판매실적 일등이었던 조민오 차장은 상사의 칭찬에 한껏 거들먹거리기 시작했다.

"저는 언제 어디서나 뭐든지 팔 수 있습니다. 저는 제품을 파는 것이 아니라 경험을 팔기 때문이죠. 운전자들은 타이어의 중요성을 잘 모르고 계속 타고 다녀요. 어떻게 보면 안전에 가장 중요한 것이 타이어인데 말입니다. 그래서 무료 점검 서비스를 해주면서 타이어의 중요성을 발견하도록 유도하면 수요가 창출됩니다. 시장에서도 고인치 타이어를 많이 찾는 추세입니다. 자동차 성능이 좋아지면서 고속주행력과 제동력이 좋은 고인치 타이어가 필요해졌기 때문입니다. 또 배터리 무게가 무거운 전기차는 더 큰 타이어를 장착하도록 수요를 창출해 주죠."

"자네는 정말 타고났어. 수요와 공급의 원칙. 홍 대리, 봤지? 필요하게 만들잖아. 조 차장이야말로 부장 승진 자격이 있지."

영업본부장은 흡족한 듯 껄껄 웃고는 다시 쌩하니 홍 대리 쪽으로 고개를 돌렸다.

"세일즈를 못 하는 사람들은 대체로 무능력을 미덕처럼 생각하지. 우리는 무조건 팔아야 해! 뭐든지 계약을 성사시키란 말야. 밖에서 고객들이 자네한테 돈을 주려고 기다리고 있는데 가만히 있을 거야? 계약서랑 돈을 가지고 오란 말이야. 영업의 비결은 고객의 돈을 내 주머니로 옮기는 거야."

영업본부장은 험악한 얼굴로 고래고래 소리를 질러댔고, 홍 대리는 질끈 눈을 감았다. 영업본부장은 좋은 물건이 잘 팔리는 것이 아니라 잘 팔리는 것이 좋은 물건이라는 신념을 가지고 있었다. 오늘 하루를 또 어떻게 버틸까 생각하니 눈앞이 깜깜해졌다.

황금 같은 토요일, 불이 꺼져 어두컴컴한 사무실 안엔 홍 대리 혼자만 남아 있었다. 영업본부장에게 시달린 스트레스의 파장은 생각보다 더 컸다. 핸드폰도 꺼버렸다. 집에도 들어가기 싫었고 누구도 만나고 싶지 않았다. 한숨만 나왔다.

그렇게 한숨만 쉬고 있던 홍현빈 대리가 갑자기 '탕!' 하고 책상을 손바닥으로 내려쳤다. 생각할수록 화가 났다. 회사에서는 시장점유율과 판매량만 강조할 뿐 이익에 대해서는 관심이 없었다. 판매량이 떨어지면 옷을 벗어야 하지만 이익이 줄었을 때는 아무 일도 일어나지 않았다.

매출액만 따지자면 조 차장이 있는 3팀의 실적이 홍 대리가 속한 2팀의 실적보다 좋은 건 분명했다. 하지만 3팀은 가격할인이나 증정품 행사를 많이 해서 2팀보다 훨씬 많은 영업비용을 지출하고 있었고, 3팀의 매출액 중 상당 부분은 미수금으로 깔려 있는 상태였다. 이건 뭔가 잘못됐다는 느낌이 들었다. 과거에는 원가경쟁력이 시장점유율에 달려 있었기에, 시장선도기업이 원가도 낮고 수익률도 좋았다. 그러나 최근에는 높은 시장점유율 자체가 수익률 증가로 이어지지는 않는다. 이제는 회사가 매출이나 시장점유율에 목을 매기보다 이익과 성장을 함께 저울질할 필요가 있었다. 기업의 이익이란 있으면 좋고 없으면 나쁜 것이 아니라 기업의 생존을 위해 반드시 필요한 것이기 때문이다.

또한 홍현빈 대리의 불만은 현실의 문제와도 맞닿아 있었다. 손익계산서는 얼마나 돈을 벌고 썼는지를 알려주지만 실제 현금흐름을 정확히 보여주지는 못한다는 한계가 있었다. 물건을 팔고도 돈을 못 받거나 무엇을 매입하고서 실제로 돈을 지급하지 않은 경우도 있기 때문에 손익계산서상의 이익과 실제 현금흐름은 항상 차이가 있기 마련이었다. 그래서 실제 현금흐름을 기록하여 작성한 재무제표인 '현금흐름표'가 있는 것이었지만 사람들은 그 존재조차 잘 알지 못했을 뿐 아니라 알려고 하지도 않았다.

사실 외상 대금 문제는 홍현빈 대리의 생각보다 훨씬

심각하고 중요한 문제였다. 매출에 따라 발생하는 현금은 한두 달 후에 들어오지만 생산에 필요한 원자재 값과 경비는 지금 당장 지출해야 한다. 즉, 외상은 받을 때까지 내 돈이 아니기 때문에 매출 대금이 들어올 때까지 필요한 '운전자본'이 충분치 않은 상황에서 급격히 매출이 성장한다면 오히려 자금 문제를 가져올 수 있었다. 따라서 자금 부족 문제를 해결하기 위해서는 채권과 재고 관리가 필요하지만 회사는 자금이 부족할 때마다 매출을 늘리는 데만 집중했고, 매출 확대를 위해 할인과 외상 정책을 감행하니 자금 부족 문제는 더욱 심각해지고 있었다. 또한 고객은 외상 대금이 늘어날수록 제품에 대해 클레임을 걸어 대금지급을 늦추려 한다. 그러다 고객이 파산하기라도 하면 외상 대금을 한 푼도 받지 못해 몇 년 치 장사를 한순간에 날리기도 한다. 또한 매출 성장이 생산 여력을 넘어서면 제품의 불량률이 높아져 생산 부서 직원에게는 부담이 간다.

홍현빈 대리의 고민이 깊어질수록 '과연 경영과 회계가 같은 흐름으로 흘러가는가?'라는 의구심이 들었다. 경영은 흐름상 재고를 구입한 뒤 파는 것이 일반적이므로 매입이 먼저고 판매가 나중이다. 그러나 현금이 이런 경영의 흐름대로 흘러가면 곤란했다. 받고 나서 내는 것이 현금 경영의 원리인데, 경영흐름대로 현금이 흘러간다면 먼저 내고 나서 나중에 받게 되어 운전자본이 많이 필요하게 되는 문제가 생겼다. 결국 운전자본을 최소화하려면 내고 나서 받는 시점까지의 기간을 최소로 해야 하며, 받고 나서 내는 시스템이 되려면 경영흐름과 반대로 현금관리가 이루어져야 했다. 즉, 회사 통장에 돈이 들어와야 회사 돈이므로 무엇을 지출하든 판매 대금을 회수하는 시점 이후로 지출 시기를 늦춰야 했다.

그러나 이렇게 하면 경영 관점에서는 거래처 관리에 문제가 생길 수 있다. 현금 지출 시기를 늦추면 납품처들의 불만이 생기고, 판매 대금을 빨리 회수하려고 하면 고객의 불만과 판매량 감소가 우려되기 때문이다.

홍현빈 대리는 이런저런 생각을 하며 무심코 회사 커뮤니티에 접속했는데 눈에 들어오는 글이 있었다. 임진왜란 시기에 쓰인 『징비록』에 나오는 글이었다. 성은 작더라도 견고한 것이 무엇보다 중요한데 반대로 크게만 지어놓았으며, 이것은 당시 전쟁에 대한 의견이 분분했기 때문이라는 내용이었다. 이익보다 성장에만 신경 쓰는 현재 다산타이어의 상황을 가리키는 것 같았다.

그렇게 생각하자 홍현빈 대리의 마음이 한결 차분해졌다. 스스로 너무 조급했던 건 아닌가 하는 생각이 들었다. 일희일비하지 말자고 마음을 다진 홍현빈 대리는 내친김에 공모전에 낼 아이디어를 생각해 보기로 했다.

하지만 이번 주 수업시간에 공부한 내용을 떠올리며 머리를 굴려도 여전히 알 듯 모를 듯 오리무중이었다. 정리가 된다 싶으면 막다른 골목이 나타났다. 막다른 골목에서 한참 어쩔 줄 몰라 하고 있던 순간, 홍영호 회계사의 얼굴이 떠올랐다. 홍 회계사라면 이번 공모에 대한 조언을 해줄 수 있을 것 같았다.

회계는 시詩처럼
행간을
읽어야 한다

"머니 바이블 블로그에서
더 많은 회계 꿀팁을 전수해 드립니다."

홍현빈 대리는 홍 회계사도 자신과 같은 시절이 있었으며, 비슷한 고민을 안고 있었다는 말에 내심 놀랐다. 그리고 자신이 지금 하고 있는 고민을 먼저 해왔고, 자신이 겪고 있는 어려움을 먼저 겪은 홍 회계사에게 묘한 동질감이 느껴졌다. 들어보니 홍영호 회계사도 대리 시절 허준 회계사를 만나 답은 언제나 현장 속에 있음을 배웠고 의사인 애인으로부터 회계는 기업을 진단하는 의료 행위와 같음을, 즉 회계를 통해 기업의 건강 상태를 체크하고 건강해지도록 도와줄 수 있음을 배웠다고 했다. 아마도 재무제표를 통해 기업 현장을 제대로 알라는 의미 같았다.

하지만 지금 닥친 문제인 공모 내용과의 연결고리를 찾

기란 쉽지 않았다. 재무제표를 아무리 들여다봐도 회계 쪽 지식이 약한 홍 대리으로서는 특별한 문제점을 발견할 수 없었다. 생산원가나 판매비가 경쟁사에 비해 높은 것도 아니었다.

도저히 모르겠다는 듯 연신 고개를 갸웃거리던 홍 대리의 머릿속에 순간 교육 내용이 떠올랐다. 회사의 제품별·사업부별 수익률을 비교분석해야 한다는 홍영호 회계사의 목소리가 귓가에 울리는 듯했다.

홍현빈 대리는 얼른 전화기를 들고 재무부 오 대리의 내선번호를 눌렀다. 정신없이 바쁜 분기 마감 시즌이라 재무부 전 직원이 토요일에도 나와서 일하고 있는 것을 알고 있었기에, 오 대리에게 점심을 같이 먹자고 연락한 것이다.

오 대리는 허겁지겁 밥을 입에 밀어 넣으며 홍 대리의 이야기를 들었다.

"그러니까 수익률이 떨어지는 제품이나 사업부에 대한 분석이 이뤄진다면 그에 따른 경영전략도 세울 수 있다는 말이지."

"그래서요?"

오 대리가 이해하지 못한 듯 되묻자 홍 대리는 답답해졌다.

"그래서는 무슨! 제품별 수익률 지표 좀 알려달라고……."

"제품별 수익률 지표요? 그렇게 자세히는 따로 안 만드는데……. 평균 수익률 정도는 찾으면 알 수 있을 텐데, 그거 가지곤 안 돼요?"

"뭐? 따로 안 만든다고? 그 중요한 걸 여태 왜 안 만들었어?"

재무 부서는 두들겨야만 소리를 내는 북처럼 지극히 수동적이고 기계적이었다. 오 대리는 왜 재무분석이 필요한가지 관심도 없는 것처럼 시큰둥하게 반응했다.

"왜라뇨? 찾는 사람이 없으니까 그렇죠. 제품별 수익률 알고 싶다는 사람은 홍 대리님이 처음이에요."

"하여간 재무 부서는 고객 마인드라곤 전혀 없어. 대체 재무부에서 하는 일이 뭐야?"

홍현빈 대리가 보기에 회계인들은 회계 자료를 만들어내면 사람들이 그걸 이용해 자신들을 공격할 거라고 여기는 듯했다. 새로운 회계 자료를 만든다는 건 마치 자신의 무기를 상대방에게 건네는 것과 같다고 여기는 느낌이었다.

오 대리는 급하게 식판을 들며 일어섰다.

"죄송해요. 분기 마감 때문에 바빠서 먼저 갈게요."

회사에서 시킨 일 외에는 관심을 가질 마음도 없고 그럴 여유도 없다는 듯 종종걸음으로 식당을 빠져나가는 오 대리를 보며 홍현빈 대리는 고민에 빠졌다. 제품별 수익률은 재무부가 아니면 해결할 수 없는 부분이었다. 뭔가 길이 보이는 듯싶더니 다시 막다른 벽에 부딪혔다. 그저 한숨만 나왔다.

그때 누군가 맞은편 테이블에서 홍현빈 대리를 불렀다. 고개를 돌려보니 회계 교육 시간에 같은 조인 공장 실무자, 이작업 차장이었다.

"교육 있는 날도 아닌데 공장은 어쩌고 여기 계세요?"

홍 대리가 농담 삼아 묻자 이작업 차장이 껄껄 웃었다.

"본사에 일이 있어서요. 전달받을 사항도 있고……. 아시잖아요. 요즘 저희 쪽 상황이 복잡한 거……."

생산성을 높이기 위해 공장 작업을 4조 3교대로 바꾸는 사안과 관련해 회사 측과 노조 측 의견이 부딪치면서 협상은 지지부진하게 계속되는 중이었다. 이는 홍 대리도 익히 알고 있는 상황이었다.

"얘기는 잘되고 있는 거예요?"

"글쎄요. 계속 협상이 진행되고 있긴 한데…… 노조 쪽에선 4조 3교대로 바꿀 경우 복리후생 부분을 신경 써달라고 하지만 요구사항이 만만치 않아요. 언론에서는 귀족 노조의 배부른 생떼라고도 하는데요. 사실 뭐, 따지자고 들면 노조 쪽 얘기도 어느 정도 일리는 있죠. 회사 측에선 계속 생산성 문제를 거론하지만 사실 작년 한 해만 보더라도 생산량이 적어서 문제가 된 건 아니었거든요."

"네? 그럼 다른 문제가 있다는 거예요?"

홍현빈 대리가 무슨 말인지 모르겠다는 표정을 짓자 이 차장은 차근차근 설명을 해줬다.

"생산성보다는 해외시장 개척비를 엄청나게 쏟아부었는데도 해외시장에서 영업이 안 됐다는 게 문제죠. 해외시장을 겨냥해 제품은 만들어놨는데 팔리지 않으니 창고에 재고만 쌓이고, 시간은 계속 가는데 처분은 안 되고, 그러다 사양 제품 되고……. 힘들게 만든 물건들이 골칫거리로 둔갑한 꼴이죠."

"재고를 그때그때 파악했으면 그런 문제가 안 생겼을 수도 있잖아요?"

모든 책임 문제는 꼭 나중에 일이 터지면 발생하는 경

향이 있다. 처음부터 책임을 지지 않으려고 하기 때문에 사람들은 다른 사람들에게 문제의 원인을 돌리기 마련이다. 생산·구매 부서는 재고가 모자랄 경우와 원가 절감만 생각하다 보니 한 번에 대량생산과 대량구매를 하곤 했다. 그러다 보니 걸핏하면 재고 문제가 발생했고, 그럴 때면 늘 영업 부서의 판매 실적을 문제 삼았다. 재고를 최소화하려 해도 천재지변 등으로 공급에 문제가 생기면 어떻게 하느냐며 그들은 생산량·구매량을 줄이는 데 완강히 반대했다. 홍현빈 대리가 생각하기엔 아무래도 이건 공장 쪽의 문제로 보였다.

"본사에서 적정재고를 월별로 알려주기는 하는데 그게 3개월 전 자료거든요. 본사와 공장이 체감하는 시간차라고나 할까요. 보기엔 아무것도 아닌 것 같아도 몇 개월은 큰 차이예요. 그 시간 동안 차곡차곡 쌓이는 재고도 문제지만, 그동안 떨어지는 제품가치는 어쩌고요. 철 지난 재고는 가뜩이나 가격도 제대로 못 받으니까 또 가격할인도 해줘야 할 테고……. 그렇게 해도 못 판 제품들은 결국 폐기하는 수밖에 없는 거죠."

이 차장의 얘기는 뜻밖이었다. 홍 대리는 이런 사정이 있는 줄은 짐작조차 못 했다. 잠시 골똘히 생각하던 홍현빈 대리가 다시 이 차장에게 물었다.

"그럼 애초에 재고가 쌓이게 된 원인은 아무래도 목표 판매량을 너무 높게 잡았기 때문이겠죠?"

이 차장은 고개를 가로저었다.

"물론 그런 이유도 있지만, 그보다는 현재 판매실적이나 판매계약 등에 대한 정보가 너무 늦게 생산 현장에 내려온다는 게 문제죠. 바로바로 생산 현장에 판매 현황을 보내주면 좋을 텐데, 본사에서 무슨 작업을 하는지는 몰라도 몇 개월 후에나 자료를 받기 일쑤죠. 또 받은 자료라는 것도 판매 현황이 아니라 그저 이번 달에는 얼마만큼 생산하라는 지시사항에 그치는 경우가 대부분이거든요."

이 차장의 말은 현실을 정확히 지적해 줬다. 과거 오랜 기간 동안 작성해 왔던 회계장부는 어떤 제품이 언제 얼마나 팔리는지 알려주는 매출 분석의 필수 자료지만, 직원들에게 이런 회계장부는 관심 대상이 아니었다. 또한 생산 쪽에서는 재고에 대해서는 영업 쪽 책임으로만 돌리고 생산성과 원가 절감에만 관심을 둘 뿐이다. 결국 재고 문제에 책임감을 갖는 사람이 없었다. 회계와 숫자는 있지만 정작 이를 어떻게 써야 잘 쓰는 것인지를 모르고 있는 것이다. 이는 생산과 판매 양측의 소통 부재로 이어져 재고 문제를 서로의 책임으로 떠넘기는 결과를 낳았다.

홍현빈 대리는 비로소 본사와 현장이 생산 현황을 너무 다른 시각으로 보는 게 문제라는 걸 깨달았다. 아울러 회사와 노조 사이에 갈등이 있을 때면 급한 대로 생산량을 맞추기 위해 촉박한 작업을 하게 되고, 그러다 보니 당연히 불량률이 높아진다는 사실도 알게 되었다. 무작정 지시를 내리는 본사 측과 본사의 지시라면 무조건 적대적으로 바라보는 노조 측, 모두에게 책임이 있었다.

재고자산을 할인 판매나 이월상품으로 넘기는 것은 문제의 근본적인 해결 방법이 아니라 변동비라도 건질 목적으로 하는 재고 처분에 불과하다. 재고 문제를 해결하는 방법은 사실 재고 자체를 만들지 않는 것이다. 그래서 대기업들은 주문이 들어오면 바로 생산하는 적시생산시스템Just In Time, JIT을 도입하고 있다.

다산타이어에서도 이런 논의가 있었지만 노조 측과 생산 부서는 품질 문제와 납기일 준수가 어렵다는 이유로 강하게 반발했다. 없어서 못 판다는 이야기는 행복한 고민인 것 같지만, 사실 도가 지나치면 심각한 문제가 될 수 있다. 사겠다는 사람은 많은데 공급이 제때 안 되면 인내심을 가지고 기다릴 고객은 없을 것이라는 판단이 적시생산시스템을 도입하지 못한 이유였다.

"영업본부장님과 생산본부장님 사이도 그렇고……. 아무래도 경영 시뮬레이션에서 우리 조는 목표를 달성하기 힘들겠어요."

식판을 반납하면서 이작업 차장이 말했다. 홍현빈 대리는 애써 웃어 보였지만, 내심 씁쓸한 마음이 들어 입맛이 썼다.

이작업 차장과 대화를 나누고 나서 홍현빈 대리는 재무제표에 표기된 재고자산 평가손실액이 자꾸 눈에 들어왔다. 과거 10년간의 재무제표를 비교해 보니 역시나 손실액이 많이 증가해 있었다. 재무제표를 보는 가장 간단한 방법은 비교해서 보는 것이라고 들었다. 숫자 하나만 보면 그 의미를 이해하기 힘들지만 이를 전년도 숫자나 경쟁회사와 비교해서 보면 그 의미가 보인다는 것이다.

10년 정도의 재무제표를 놓고 비교해 보니 장기적인 흐름을 읽을 수 있었다. 전년도하고만 비교하는 것은 기저효과, 즉 전년도 숫자가 아주 나쁠 경우 올해 실적이 조금만 좋아도 증가율이 높아 보일 수 있다는 단점이 있는데, 10년 정도의 장기간 재무제표를 비교하니 이런 문제가 자연스레 해소됐다. 동일한 방식으로 다른 비용 항목도 살펴 봤더니 채권을 못 받게 돼 대손상각비로 처리한 금액이 크 다는 것을 알 수 있었다. 결국 비용 쪽 문제는 재고자산 평 가손실액과 대손상각비에 있었다.

회계라는 거울에 비춰보니 경영이 제대로 보였다. 재무 제표에 놓여 있는 숫자 하나하나는 곧 회사의 뜻이었고 말 이었다. 그 안에는 수많은 대화와 갈등이 있었다.

사실 숫자 그 자체로는 회사에 아무런 영향도 주지 못 한다. 숫자는 거짓말을 하지 않기에 경영을 있는 그대로 보 여줄 따름이었다. 그것을 어떻게 받아들이고 해석하느냐는 보는 사람에 달려 있다. 숫자는 단지 벌어진 사실만 가리키 는 것이 아니라 그 사실에 부여된 의미와의 결합체다. 기계 적인 계산만 늘어놓을 것이 아니라 회계인의 눈으로 숫자 를 느끼고 해석해야 한다. 그래서 보이지 않는 것을 보고, 경영 현장의 모든 것에 말을 걸고, 회사의 상황을 그들만의 특별한 언어로 재탄생시켜야 했다.

회계는 시詩처럼 행간을 읽어야 비로소 내용이 보인다. 하늘이 운다는 말을 비가 온다는 뜻으로 이해하는 것과 같 이 의미 없는 것에 생명을 불어넣을 시인의 눈이 필요한 것이다. 회계는 숫자로 쓴 시라고 할 수 있다. 숫자는 경영의 현실적인 세상만이 아니라 상상의 세계까지 그려낸다.

지금까지 생산 현장은 본사에서 내린 지시사항을 그저 따르기만 하며 수동적으로 일해왔지만, 보다 주도적으로 일할 수 있도록 판매 현황을 실시간 오픈하는 시스템을 만든다면 분명 적정재고관리도 훨씬 간편해질 것이었다. 그렇게 된다면 본사의 역할을 축소하면서 재고자산 평가 손실과 폐기 손실을 줄이는 책임을 생산 현장에 부여할 수 있을 테고, 생산 현장은 자연스레 본사의 입장을 이해하면서도 주인의식을 갖고 능동적으로 일할 수 있을 테다.

이 차장으로부터 들은 이야기를 토대로 짜낸 아이디어의 결과는 바로 '투명 경영'이었다. 본사와 공장에서 가장 큰 골칫거리였던 재고자산 문제가 일시에 해결되는 기분이었다.

그때 내선전화가 울렸다. 오영탁 대리였다. 홍현빈 대리는 오 대리의 목소리에 내심 기대했던 답을 들을 수 있을 거란 생각에 반가웠다.

"제품별 수익률 지표 찾았구나?"

"그런 거 없다니까요."

웃음기가 밴 오 대리의 목소리에 홍 대리는 실망하는 동시에 화가 났다.

"그럼 왜 전화했는데?"

"외근 나가셨는지 조 차장님이랑 연락이 안 돼서 그러는데요, 조 차장님 오시면 거래처 미수금 문제 때문에 그러니 재무부로 전화 좀 달라고 전해주실래요?"

"알았어. 대신 제품별 수익률 지표나 만들어봐."

"홍 대리님, 진짜 왜 자꾸 그러세요. 차라리 그걸 공모전에 제출해 보세요. 제 생각엔 그게 훨씬 더 빠를 것 같은데요?"

"안 그래도 그럴 참이었어."

재무제표의 숫자를 비교하기 위해서는 규모의 차이를 없애는 것이 우선인데 그것이 바로 비율분석이다. 백분율은 야구에서 쉽게 볼 수 있다. 단순히 안타 수만 보고 선수를 판단하면 타석에 몇 번 섰는지가 각각 다르므로 오류가 발생할 수 있다. 그러니 안타 수를 총 타수로 나눈 '타율'을 지표로 삼는 것이다.

홍 대리는 제품별 수익률 지표의 중요성을 강조하여 재무부로 하여금 신속하게 수익률 지표를 만들도록 제안하는 선에서 그 부분을 마무리할 계획이었다.

"분기 마감이랑 걸려서 급하거든요. 조 차장님 들어오시면 꼭 전해주세요."

수화기를 내려놓으면서 홍현빈 대리는 혼잣말을 중얼거렸다.

"아무리 실적 1위면 뭐 하나? 미수금이 많은데……. 그러다 돈 떼이면 그땐 몽땅 회사 손해 아냐? 잘못된 성과주의가 회사를 망치고 있다니까."

홍 대리는 순간 멈칫했다. 무심코 내뱉은 자신의 말에서 좋은 아이디어가 떠올랐다. 미수금은 결국 못 받게 되는 경우로 이어지기 때문에 대손상각비 처리 문제였다. 또한 이 문제는 영업부의 성과지표가 순전히 매출액에 있다는 게 원인이었다. 매출액만 신경 쓰다 보니 대금 회수를 위한 노력은 거의 이루어지지 않고 있던 것이다.

사실 한 달분의 채권만 회수하지 못해도 몇 년 장사가 헛것이 된다. 대금 회수가 안 되는 이유는 고객이 돈이 없어서라기보다 제품이나 서비스에 불만족해서이거나 대금 회수 노력이 부족하고 회수 과정에 문제가 있어서인 경우가 더 많았다. 회사에는 매출채권의 관리 기준도 없는 상황이었다. 무리한 매출 경쟁에 쭉정이들이 많아졌고 부실채권만 늘어나고 있었다.

홍현빈 대리는 각종 영업비용을 실적에 반영시켜 실질적인 영업부의 성과지표를 만들기로 했다. 우선 가격할인 비용에 판매촉진비, 증정품 관련 비용을 모두 매출에서 차감해 기록하는 것이다.

공모 제안서는 여기까지 쉽게 술술 작성되었다. 그런데 미수금이 문제였다. 미수금 문제를 어떤 식으로 제안서에 반영하느냐가 남은 과제였다.

홍현빈 대리는 이후 매일 재무부 오영탁 대리와 점심을 같이 먹으면서 이것저것 재무 상식을 물었고, 그걸 토대로 며칠을 끙끙 앓다시피 고민한 끝에 다시 매출채권이라는 고려사항을 추가했다. 불황기에 매출채권과 재고자산 증가는 현금 부족을 불러와 회사의 영업활동을 위축시키고 기업가치에도 악영향을 미친다.

단순히 판매량만 놓고 본다면 가격할인 등 행사를 많이 한 팀이 유리할 수밖에 없다. 하지만 중요한 건 매출채권이었다. 매출액이 현금으로 늦게 들어올수록 회사는 그만큼 이자 한 푼 받지 못하는 돈을 거래처에 묶어놓게 되는 꼴이라 당연히 손해였다. 매출채권은 물건을 팔고 현금을 받아서 즉시 다시 현금을 거래처에 무이자로 빌려준 것이나 마찬가지기 때문이다.

기회비용 문제도 있다. 매출채권을 빨리 회수할 수 있

다면 회사의 연평균 목표수익률인 10퍼센트를 그대로 재투자할 수 있으므로, 매출채권 회수가 늦는다면 10퍼센트만큼의 기회비용이 발생하게 된다. 따라서 매출 실적을 평가할 때 대금 회수가 곧바로 되지 않으면 지연된 기간만큼 10퍼센트로 이자를 계산해 매출액에서 차감한다는 새로운 성과지표를 공모 제안서에 넣었다. 연평균 목표수익률이 10퍼센트이므로 채권 회수에 3개월이 걸렸다면 총 2.5퍼센트인 250만 원, 6개월이 걸렸다면 5퍼센트인 500만 원의 이자를 매출액에서 차감해 실적을 평가한다는 내용이었다. 이로써 첫 번째 주제로 잡았던 '채권관리를 통한 자금관리'까지 어느 정도 해결이 됐다.

자금관리 쪽 공모 제안서에 재투자 금액에 대한 내용도 추가했다. 즉, 감가상각은 재투자 금액이라는 내용이었다.

차를 사면 감가상각비만큼 적금을 들어야 한다. 한번 차를 타기 시작하면 차 없이 지내는 게 불편해져 이후로도 계속해서 차를 몰게 되고, 그럼 교체할 시기가 오기 때문이다. 그런데 많은 사람이 감가상각을 잊고 있다가 나중에 재투자할 때 힘들어한다. 차 이외에도 현재의 자산은 미래에 재투자되어야 할 금액이므로 자금관리에서 재투자 금액에 대한 관리의 필요성을 강조했다.

덧붙여 매출채권이 대손되는 경우, 대손 금액을 일시에 매출액 실적에서 차감해 평가하면 영업부가 무조건 매출액 올리기에 급급하기보다는 대금 회수 가능성을 고려한 매출전략을 세울 수 있다는 전망까지 제안서에 넣기로 했다.

숨어 있는
이익을 찾아라

□

　이 서랍 저 서랍을 뒤적거리다가 간신히 편의점 영수증을 서류 틈에서 찾아낸 홍현빈 대리는 영수증을 들고 아래층 재무부로 갔다. 지난주 올렸던 영업비에 영수증이 누락됐다고 재무부에서 연락이 왔기 때문이다. 그런데 재무부에 들어서는 순간 뭔가 심상치 않은 기운이 전해졌다.

　사무실 전체에 쩌렁쩌렁 울려대는 조 차장의 목소리가 들렸다. 재무부 직원들의 모든 시선이 일제히 쏠려 있는 그곳에서는 조 차장과 오 대리가 한창 실랑이 중이었다.

　"자네, 답답하게 왜 이래? 틀림없이 이번 주 내로 돈 들어온다니까!"

　"그 말씀은 지난달에도 하셨는데요. 신고 들어가야 되

는데 이 매출세금계산서 때문에 일이 늦어지고 있어요. 세금계산서는 돈 들어오면 발행하는 걸로 하고, 일단 빨리 좀 취소해 주세요."

"계약 땄다고 몇 번을 말해! 오 대리, 자네 날 못 믿는다는 거야? 내가 지금 거짓말하는 걸로 보여?"

상황이 이쯤 되자 뒤에서 지켜보던 재무팀장이 나섰다.

"조 차장, 우리 입장도 좀 생각해 줘."

"재무부 입장만 있어요? 제발 영업부 입장도 생각해 주시라고요!"

"자자, 흥분하지 말고, 일단 숨부터 돌리고 나랑 얘기하자고."

재무팀장이 달래듯 조 차장의 팔을 잡아끌며 회의실로 들어갔다.

조 차장이 사라지자 벌겋게 달아오른 얼굴로 가는 숨을 몰아쉬던 오영탁 대리가 자리를 박차고 일어나 사무실을 나갔다.

"저거 무슨 일 저지르는 거 아냐?"

홍현빈 대리는 걱정스레 혼잣말을 중얼거리다가 안 되겠다 싶었는지 오영탁 대리를 따라갔다.

"괜찮아?"

음료수 자판기에 동전을 넣는 오영탁 대리의 등 뒤에서 홍현빈 대리가 조심스레 살피듯 물었다. 그런데 어쩐 일인지 오영탁 대리는 그저 쓴웃음만 지을 뿐이었다.

"한두 번 당해요? 맡은 일, 해야 할 일을 하는 것뿐인데 여기서 깨지고 저기서 깨지고……. 거기다 요즘은 회계 교육 받는답시고 영업본부장님이랑 생산본부장님 틈에 끼어 또 깨지고……. 내가 무슨 동네북도 아니고, 이건 참……."

"좋게 좋게 생각해. 직장생활 하루 이틀 하는 거 아니잖아~"

"하긴 곧 있으면 분기 마감도 끝나겠다, 회계 교육도 오늘이 마지막이겠다……. 며칠만 참으면 되겠죠?"

"수익성 개선 공모도 있잖아?"

무심코 홍현빈 대리의 입에서 튀어나온 말에 오영탁 대리의 표정이 또 시무룩해졌다.

"그건 벌써 포기했어요."

홍현빈 대리가 그럴 줄 알았다는 듯 웃자, 오영탁 대리는 정색을 하며 덧붙였다.

"대신 새로운 목표가 생겼어요. 재무이사가 되기로 결심했어요."

뜬금없는 소리에 홍현빈 대리는 황당했지만, 오 대리는

무척 진지해 보였다.

"솔직히 제가 스케일이 크잖아요. 근데 계산기 두드리면서 숫자 갖고 머리 쓰는 게 괜히 좀스럽기도 한 거 같고, 재무부랑 제 적성이랑 안 맞는 거 같아서 타 부서로 옮겨볼까도 생각했었거든요. 근데 요번 교육을 받으면서 느낀 건데, 아무리 물건을 많이 만들고 영업을 잘해도 돈 관리를 제대로 못 하면 말짱 도루묵이더라고요. 그래서 이참에 재무이사가 돼서 회사 돈 관리를 철저히 해보려고요."

오영탁 대리는 매출보다 매출채권관리가 얼마나 중요한지를 말하고 있었다. 외상으로 팔더라도 매출은 기록되지만, 제대로 받아내지 못하면 언젠가 대손상각비라는 비용이 될 운명임을 잘 알고 있는 듯했다.

홍현빈 대리는 딴사람이 된 것처럼 결연한 표정을 짓고 있는 오영탁 대리를 보며 터져 나오는 웃음을 간신히 참다가 되물었다.

"근데 재무이사가 되기 전에 일단 지금 자리부터 사수하는 게 급선무 아니야? 이번 교육이랑 수익성 개선 공모 가지고 정리해고 한다는 소문 돈다고 오 대리가 그랬잖아. 기억 안 나?"

"아, 맞다! 그렇지!"

한껏 꿈에 부풀어 있던 오 대리의 표정이 순식간에 일그러졌다.

"홍 대리님, 저 어떡해요! 오늘이 마지막 수업인데, 오늘이 마지막 기횐데……. 저도 잘하고 싶었다고요. 근데 영업본부장님이랑 생산본부장님 때문에……. 정말 저 이대로 회사 잘리는 건 아니겠죠? 그 정리해고 이야기는 그냥 뜬소문일 거예요. 그렇죠? 네?"

"어쩌겠어. 그러니까 오늘만이라도 잘해보자고. 우리 조가 1등만 하면 그깟 구조조정이니 정리해고니 그런 게 문제겠어? 안 그래?"

홍현빈 대리는 장난이 심했다 싶은 마음에 오영탁 대리에게 그렇게 말은 했지만 내심 꼴등이나 면했으면 좋겠다고 생각했다.

어느덧 홍영호 회계사의 마지막 수업시간이었다.

"오늘은 회사를 꾸려나가는 데 있어서 가장 어려운 결정을 내려야 하는 시간이 될 겁니다. 자, 먼저 회사 살림을 맡아줄 유능한 재무이사를 찾고 있다고 가정하겠습니다. 그리고 재무이사 후보로 세 명이 추천되었습니다. 여러분은 면접 일주일 전에 세 명의 후보자들에게 면접 일자와 시간을 통보했고, 드디어 면접일입니다. 이 중 한 사람을 골라 재무이사로 채용해야 합니다. 회계담당자들이 면접에서 말한 자신들의 소견을 보시고 여러분 회사에 가장 적합한 재무이사를 채용하십시오."

홍영호 회계사가 연단에 놓여 있는 노트북을 클릭하자 프로젝터 화면에 재무이사 후보자들의 면접 내용이 떴다.

후보자	면접 내용
김장려	하반기에는 매출을 확대하는 전략이 중요합니다. 판매장려금과 접대비를 늘리고 증정품을 대대적으로 제공해야 합니다. 또한 계열사의 네트워크가 좋으므로 계열사를 대상으로 매출을 올린다면 가격이 떨어지더라도 안정적인 매출 확대에 도움이 될 것입니다.
박인건	직원이 재산입니다. 직원들의 사기를 높여 영업부 직원들이 매출 확대에 신경 쓸 수 있도록 복리후생을 강화해야 합니다. 또, 다른 부서의 교육과 투명 경영에도 앞장서서 회사의 비전을 공유해야 합니다.
이절약	매출 확대보다는 원가와 비용을 절감하는 것이 무엇보다 중요합니다. 생산 프로세스를 혁신하고 고정비를 변동비로 바꾸는 전략을 취해야 합니다.

"이 세 명의 스타일은 회사를 경영할 때 나오는 어려움과 동일합니다. 조별로 10분간 토의를 거쳐 이 중 한 명을 재무이사로 선임하시고, 그 사실을 배치된 노트북 시뮬레이션 프로그램에 입력해 주십시오. 이후 왜 그 후보자를 선임했는지에 대해 각 조 CEO들이 발표해 주시기 바랍니다."

웅성거리는 임직원들을 쳐다보며 홍 회계사가 말을 이어갔다.

"한 가지 덧붙여서 말씀드리자면, 오늘 수업을 통해 이번 교육의 우승 조를 발표할 예정입니다."

홍영호 회계사는 별표가 붙은 전지로 고개를 돌렸다.

	1조 유일무이	2조 주주주인	3조 언제나대박
별표	★	★★	★

"2조가 별 두 개, 3조와 1조는 아직 별이 한 개밖에 없군요. 하지만 아직 역전 가능성은 충분합니다. 지금까지는 얼마만큼의 이익을 내느냐를 직접 문제 삼지는 않았는데, 이번 수업에서는 여러분이 선임한 재무이사가 행하는 경영방침에 따라 여러분 회사가 거두는 이익의 양이 달라지

는 모습을 시뮬레이션 프로그램을 통해 보게 될 겁니다. 그 결과 이익을 가장 많이 낸 팀에게 별을 한 개 드릴 것이고, 최종적으로 가장 중요한 사안을 검토해 별 두 개를 더 드릴 겁니다."

"최종적으로 중요한 사안이란 건 뭔가요?"

오영탁 대리가 손을 들고 질문했다.

"그건 어떤 팀이 목표한 경영에 가장 충실했는지를 평가하는 것으로, 마지막 평가 때 좀 더 구체적으로 설명해 드리겠습니다. 자, 이제 토론을 시작해 주세요."

홍영호 회계사의 말을 끝으로 조별 토론이 시작됐다.

소판매 영업본부장과 공채원 생산본부장은 마지막 수업에서까지 대립했다. 오영탁 대리는 어떻게 토론을 진행해야 할지 난감했지만 마지막 기회라고 생각하며 용기를 냈다.

"우리 조 재무이사로는 누가 적임자일까요?"

마음속으로는 용기를 냈지만, 막상 나오는 목소리는 모기만 했다. 홍현빈 대리가 오영탁 대리를 딱한 눈으로 보다가 거들었다.

"생산본부장님 생각은 어떠세요? 지난 시간에 매출 확대를 말씀하셨으니까 아무래도 김장려를 뽑자는 의견이시겠죠?"

공채원 생산본부장은 천근같이 무겁게 닫고 있던 입을 짤막하게 열었다.

"살길은 매출 확대뿐입니다. 비용 절감은 이미 최대치에 도달한 지 오래입니다."

이에 질세라 소판매 영업본부장이 냉큼 따지고 들었다.

"발전의 여지는 있습니다. 마른 수건도 다시 짜야 한다니까요."

"대체 언제까지 생산부한테 책임을 전가하실 건가요?"

"책임 전가라뇨? 적반하장도 유분수지."

영업본부장과 생산본부장은 분기충천해 언성을 높였다. 서로를 찌르려고 더욱 날카로운 칼을 찾아 휘두르는 듯한 둘의 모습에 다른 조원들도 눈치 보기 급급했다.

그때 좌중을 압도하듯 누군가 갑자기 소리를 내질렀다.

"그만들 하세요!"

목소리의 주인공은 오영탁 대리였다. 토론은 안 되고 자꾸 시간만 가자 조급한 나머지 자기도 모르게 소리를 지른 것이다.

조원들의 시선이 일제히 자기에게 쏠리자 당황한 오영탁 대리가 얼결에 대충 의견을 내놓았다.

"그러니까 전…… 두 분 생각이 정 그러시다면 김장려나 이절약이 아니라 박인건을 뽑으면 어떨까 싶어서요. 다른 분들 생각은 어떠세요?"

급조한 의견이었지만 계속 시간만 끌다간 토론은커녕 소판매 영업본부장과 공채원 생산본부장의 싸움 구경이나 해야 할 판이라 다들 어쩔 수 없다는 반응이었다.

"그게 낫겠습니다. 뭐, 사실 이게 다 시뮬레이션 아닙니까. 너무 열 올리실 필요 없이 편하게 박인건으로 하죠."

공장 실무자인 이작업 차장이 소판매 영업본부장과 공채원 생산본부장을 살피며 조심스레 말했다.

영업본부장과 생산본부장도 더는 왈가왈부하기 싫었는지 헛기침만 해댔다.

"그럼 저희 조는 박인선으로 정하겠습니다."

오영탁 대리가 노트북 화면에 떠 있는 재무이사 후보세 사람 중 가운데 박인건 후보를 클릭했고, 이와 거의 동시에 노트북과 연결된 프로젝터 화면에 "1조의 재무이사로 박인건 씨가 선임됐습니다"라는 멘트가 떠올랐다.

2조와 3조는 아직도 토론 중이었다. 비용의 중요성을 강조했던 이제까지의 수업 내용 때문인지 이절약을 선임하려는 분위기가 우세했다.

지켜보던 홍 회계사가 마이크를 집어 들었다.

"우물쭈물하다가 좋은 인재를 다른 회사에 빼앗길 수 있습니다. 시간이 돈입니다. 서두르세요."

홍영호 회계사의 말이 끝나자 거의 동시에 2조와 3조 CEO가 마우스를 움켜쥐고 클릭했다. 다음 순간 프로젝터 화면에 "3조의 재무이사로 이절약 씨가 선임되었습니다"라는 메시지가 떴고, 간발의 차이로 "이절약 씨는 3조에서 이미 스카우트했습니다. 2조는 다른 후보를 선임하시기 바랍니다"라는 메시지가 떴다.

결국 2조는 울며 겨자 먹기로 김장려를 선택할 수밖에 없었다.

조별로 선임된 가상의 재무이사들은 입력된 프로그램에 따라 지령을 내렸고, 그에 따라 회사는 제품을 생산·판매했다. 그렇게 나온 결과를 가지고 조별로 재무상태표와 손익계산서를 만드는 작업을 했다.

잠시 후, 홍영호 회계사가 프로젝터 화면에 떠오른 결과를 보면서 조별 이익증가 폭을 정리했다.

"먼저 김장려를 선정한 2조는 매출 증대를 경영방침으로 내걸었던 만큼 매출이 가장 많이 증가했네요. 그런데 판매장려금과 접대비도 그만큼 늘어난 게 문제였군요. 결과적으로 이익증가 폭은 가장 적은 걸로 나왔습니다."

2조 조원들은 일제히 한숨을 내뱉었다.

"자, 그럼 이절약을 뽑은 3조를 보겠습니다. 비용 절감에 성공했고, 결국 가장 높은 이익을 달성했군요. 축하드립니다."

3조 조원들은 자축하는 박수를 치며 환호했다.

"마지막으로 1조를 보겠습니다. 직원이 재산이라고 하신 박인건 재무이사의 경영방침이 아직 빛을 발하지 못한 걸까요? 매출과 이익 양쪽에서 똑같이 2등을 했네요."

1조 조원들은 다들 떨떠름한 표정이 됐다. 어차피 박인건을 고른 것부터가 그다지 큰 의미는 없었기 때문이다.

홍영호 회계사는 별표를 들고 벽에 붙은 전지 앞으로 가 가장 많은 이익을 낸 3조에 별 하나를 붙였다. 결국 2조와 3조가 별 두 개로 공동 1등을 달리게 되었다. 1조는 계속 별 한 개만을 획득한 채로 꼴찌에 머물러 있었다.

	1조 유일무이	2조 주주주인	3조 언제나대박
별표	★	★★	★★

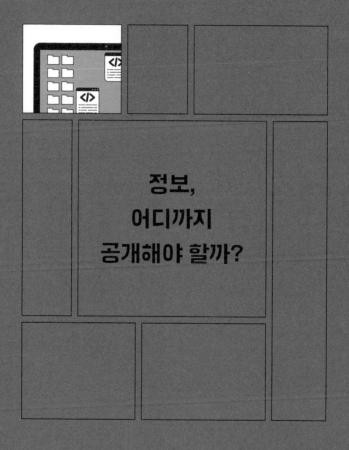

정보,
어디까지
공개해야 할까?

가뜩이나 분위기가 흉흉했는데 교육평가 중간 점수에서 꼴찌를 차지하기까지 하자, 1조의 분위기는 싸늘해졌다.

이번에는 모의 주주총회를 개최해 조별로 경영성과를 발표했고, 실적과 관련해 질문과 답변을 하는 시간을 가졌다. 임직원들은 그 과정을 통해 경영자의 입장을 생각해 볼 수 있었고, 매출 증가와 관련된 숫자, 임직원과 관련된 숫자, 그리고 비용 절감과 관련된 숫자를 이해할 수 있었다.

경영성과가 어느 정도 진행되자 홍영호 회계사는 다시 주제를 던져 토의를 제의했다.

조별 노트북 화면에는 다음과 같은 사안이 각각 주어졌다.

조	토론 주제
1조	투명 경영이 임직원의 회계 커뮤니케이션에 미치는 영향은 무엇인가?
2조	매출 확대 전략에서 시나리오 경영을 한다면 어떤 리스크를 관리해야 하는가?
3조	구조조정에서 중요한 것은 수익성 없는 자산을 수익률 높은 자산으로 재배치하는 것이다. 우리나라 재무제표만으로 이러한 구조조정이 힘든 이유는 무엇인가? 그리고 이러한 의사결정을 위해 필요한 재무 자료는 무엇인가?

마지막 토론이라 더욱 활발한 논의가 전개되고 있었다. 하지만 1조는 여전히 폭풍 전야의 침묵이 계속됐고, 결국 CEO라는 책임감에 안절부절못하던 오영탁 대리가 다시 총대를 메는 심정으로 말을 꺼냈다.

"투명 경영이 회계 커뮤니케이션에 미치는 영향은 무얼……."

오영탁 대리의 말이 끝나기도 전에 소판매 영업본부장이 불편한 심기를 드러냈다.

"말이 통해야 커뮤니케이션이든 뭐든 할 거 아니겠어

요? 이거야 원, 차라리 벽이랑 얘기하는 게 낫지."

"왜요? 투명 경영이라니까 뭐가 구리십니까? 그래서 아예 처음부터 입을 꼭 다물고 있겠다, 이건가요?"

"뭐예요!"

"저야말로 차라리 벽이랑 대화하고 싶은 심정이라 그럽니다. 마인드부터 거무튀튀한데 투명은 무슨 투명."

소판매 영업본부장과 공채원 생산본부장의 옥신각신은 끝날 줄을 몰랐고, 홍현빈 대리를 비롯한 1조 조원들의 입에서 나오는 건 그저 한숨뿐이었다. 1조가 거의 포기하다시피 하고 있는 사이에 벌써 토론을 끝냈는지 2조 CEO가 손을 들었다.

홍영호 회계사가 이를 보고 마이크를 집어 들었다.

"주목해 주십시오. 2조가 방금 막 토의를 끝낸 것 같은데요, 마지막 토론인 만큼 시간을 좀 더 드릴 테니 다른 조들도 일단 토론을 멈추시고 2조의 발표부터 들어보기로 하죠."

1조와 3조는 토론을 잠시 중단한 채 2조 CEO 고춘삼 인사본부장의 발표에 귀를 기울였다.

"저희 2조는 매출 확대 전략을 펼치면서 무엇보다 부족한 현금 때문에 곤란한 상황이 많았습니다. 뭐 어느 회사나 성장기에는 자금 부족이 큰 문제이긴 하지만요. 어쨌든 이 가상 프로그램을 통해 매출 확대 전략을 취해보니 그 문제가 생각보다 더 크다는 걸 깨달았습니다. 계속해서 현금은 부족하고 그럴 때마다 또 자금을 조달하기 위해 차입이나 증자를 해야 하고……. 결론적으로 말씀드리자면, 매출 확대 전략에서는 현금이 중요한 리스크 관리 포인트인 것 같습니다."

홍영호 회계사는 2조의 발표가 끝나자 보충 설명을 이어갔다.

"네, 요즘은 매출을 늘리기가 무척 어렵죠. 그래서 너도 나도 제품을 하나라도 더 팔려고 각종 행사나 가격할인, 외상거래를 합니다. 이 중에서 가격할인 같은 전략은 바로 매출액 감소로 이어지다 보니 즉각적인 손실이 체감되고, 따라서 이에 대한 대응관리도 빨리 나옵니다. 그에 비해 외상거래는 상대적으로 그다지 큰 문제로 생각하지 않습니다. 하지만 이는 가볍게 볼 문제가 아닙니다. 이 문제를 좀 더 구체적으로 살펴보기 위해, 전 시간에 공부했던 예를 다시 가져와 설명해 보겠습니다."

사람들이 지난주 교육 자료를 찾느라 뒤적거리는 모습을 지켜보던 홍 회계사는 설명을 시작했다.

"원가 1000억 원어치의 제품을 만들어 그중 900억 원어치의 제품에 마진 100억 원을 붙여서 1000억 원에 판매했습니다."

홍영호 회계사는 화이트보드 앞으로 가 재무제표에 다음과 같이 경영활동을 기록했다.

자산	부채 및 자본	
재고자산 100억 원		이익 100억 원
비용	수익	
매출원가 900억 원	매출 1000억 원	

"만약 제품을 모두 현금을 들여서 만들었고 팔 때도 현금을 받고 팔았다면 이 회사는 얼마의 현금을 갖고 있겠습니까?"

"100억 원입니다."

간단한 질문이라 생각했는지 교육생들 모두 자신 있게 대답했다.

"네, 맞습니다. 자, 그런데 매출을 늘리기 위해 외상거

래를 한다고 생각해 보겠습니다. 현금을 들여 만든 제품을
기껏 힘들게 팔았는데, 제품의 대금이 전혀 회수되지 않는
것입니다. 이때 현금흐름은 어떻게 될까요?"

교육생들이 섣불리 대답을 못하자, 홍 회계사는 재무제
표 밑에 현금의 증감액을 다시 기록해 넣었다.

자산	부채 및 자본	
재고자산 100억 원		이익 100억 원
비용	수익	
매출원가 900억 원	매출 1000억 원	
자금 출금 1000억 원	**자금 입금 zero**	**현금(-) 1000억 원**

"물건을 열심히 만들고 팔았지만 실제 현금은 마이너
스 1000억 원입니다. 그래도 손익계산서에는 이익 100억 원
으로 기록되니 손익계산서만 보면 장사를 잘했다고 할 수
도 있겠죠. 하지만 회사는 자금 압박에 시달릴 것이 분명
합니다. 이때 1000억 원의 매출채권도 나중에 돈으로 바꿀
수 있으니까 자산에 기록합니다. 그러나 판매 대금을 이자

도 없이 거래처에 빌려준 거나 마찬가지이기 때문에 자산 중에서도 애물단지 자산, 돈 못 버는 자산이죠. 부자들은 이런 자산은 과감히 없애려고 합니다. 은행에만 넣어둬도 이자를 받을 수 있는데 회수도 장담하지 못하는 거래처에 무이자로 돈을 빌려주는 것은 부자로서는 안 될 일이죠. 만약 그사이 거래처가 잘못되기라도 해서 돈을 못 받게 되면 매출채권은 대손상각비로 전환되어 비용만 늘어납니다. 그러면 자금 압박이 생길 뿐만 아니라 이익도 감소하죠. 이젠 외상거래가 얼마나 위험한 일인지 아셨죠? 특히 성장 단계에서는 매출채권관리를 통한 자금관리가 중요하다는 사실을 명심하세요. 즉, 매출을 올리더라도 현금 회수가 원활한 매출이어야 합니다."

임직원들은 새삼 외상거래가 얼마나 심각한 문제를 야기할 수 있는지 깨달았다.

"자, 그럼 1조와 3조는 진행 중이었던 토론을 계속해주시기 바랍니다."

홍영호 회계사의 지시에 따라 1조 조원들은 다시 소판매 영업본부장과 공채원 생산본부장 주변으로 모여들었다. 1조 CEO인 오영탁 대리가 소판매 영업본부장과 공채원 생산본부장의 눈치만 살피고 있자, 재무 담당인 홍현빈 대리가 나섰다.

"저희 조는 임직원들 사기 증진을 위해 인센티브제도 등 다양한 시스템을 도입했고 나름대로 성과도 있었습니다. 그런데도 매출과 생산성 면에선 그다지 증가 폭이 크지 않았는데, 왜 그럴까요?"

이에 공채원 생산본부장이 퉁명스럽게 대꾸했다.

"이건 사실이 아니라 허구, 어디까지나 가상 아닙니까? 애초에 시뮬레이션 프로그램에서 박인건을 뽑은 조는 매출과 생산성이 중간 정도만 나오게 만들어져 있으니 그럴 수밖에요."

"처음부터 난 박인건을 뽑고 싶지 않았습니다."

소판매 영업본부장은 굳은 얼굴로 딴 곳을 보며 내뱉듯 말했다.

1조가 계속 토론다운 토론도 못 하고 있는 사이에 이번 엔 의견 조율을 끝낸 3조가 발표를 시작했다. 3조의 CEO 이자금 재무본부장이 앞으로 나섰다.

"저희 3조는 비용 절감 효과가 주요했다고 봅니다. 비용 절감을 위해 자산수익률이 낮은 자산을 자산수익률이 높은 자산으로 대체투자를 했고, 그 결과 비용 절감액이 매출 감소액보다 커서 순이익이 크게 증가했습니다. 그런데 홍 선생님께서 이미 말씀하셨던 대로 자산수익률이 높은 자산과 낮은 자산을 파악하는 게 실제로는 힘들 거라는 생각이 들더군요. 시뮬레이션 프로그램에서는 자산 수익률을 모두 계산할 수 있도록 자산이 구분되어 있지만 실제론 그렇지가 않기 때문입니다. 이런 문제점을 개선하기 위해서 무엇보다 먼저 회사 자산을 잘 구분하고, 그에 따라 제품별 자산수익률을 계산해야겠다고 생각했습니다."

3조의 발표가 끝나자 홍영호 회계사는 흐뭇한 미소를 지었다.

"네, 아주 잘 말씀해 주셨네요. 맞습니다. 현재의 재무제표에선 평균 수익률 정도만 알 수 있지 문제가 되는 자산을 구분해 내기가 어렵습니다. 그런데 비용 절감을 위해서는 필수적으로 수익률이 떨어지는 자산을 구조조정해서 매각하고 수익률이 높은 자산으로 대체해야 합니다. 그러려면 좀 더 구체적인 이익을 알 수 있도록 제품별, 사업부별 손익계산서를 만들어야겠죠. 하지만 더 중요한 건 재무상태표를 제품별, 사업부별로 구분해야 한다는 겁니다. 왜일까요? 이미 말씀드렸다시피 손익계산서에는 장부상의 이익 금액만 나오지 실질적으로 수익률이 몇 퍼센트인지는 나오지 않기 때문입니다."

임직원들은 홍영호 회계사의 설명에 일제히 고개를 끄덕거리며 수긍하는 분위기였다.

홍영호 회계사는 마지막 1조의 발표를 기다렸지만, 소판매 영업본부장과 공채원 생산본부장의 대립은 그칠 기미가 없어 보였다. 홍 회계사는 화이트보드에 그려진 재무제표에 새로 재고자산과 자금 입출금 부분을 수정하여 기입해 넣었다.

"다들 이 재무제표를 주목해 주시기 바랍니다."

1조 조원들을 비롯한 모든 임직원들이 화이트보드에 기록된 재무제표를 쳐다보았다. 홍영호 회계사는 좌중을 둘러보며 설명했다.

"이번엔 생산 부서에 대한 인센티브를 생산성 증기리는 기준으로 설정한 사례를 살펴보겠습니다. 먼저, 생산 부서 직원들이 모두 정말 열심히 일해서 생산량을 1000억 원에서 2000억 원으로 증대시켰다고 해보겠습니다. 생산성을 두 배로 끌어올렸는데 전과 동일하게 900억 원어치만 판매되었다면 어떻게 될까요? 생산비로 2000억 원의 자금이 지출되었지만 판매로 들어온 돈은 1000억 원입니다. 생산을 많이 해도 매출이 동일하면 이익은 그대로이고 오히려 현금흐름은 마이너스 1000억 원이 됩니다. 종합해 보자면, 생산 부서는 열심히 일했고, 목표량도 초과 달성했지만 현금이 재고에 묶여서 회사의 자금사정은 매우 어렵게 됐습니다. 왜 이렇게까지 상황이 악화됐을까요?"

자산	부채 및 자본	
재고자산 1100억 원		이익 100억 원
비용	수익	
매출원가 900억 원	매출 1000억 원	

자금 출금 1000억 원	자금 입금 zero	현금(-) 1000억 원

홍영호 회계사는 강조하듯 잠시 멈췄다가 설명을 이어갔다.

"제품의 생산성은 제품이 판매됐을 때 의미가 있는 것이지 판매되지 않는 재고자산은 오히려 회사에 독이 될 수 있습니다. 이렇듯 숫자 경영은 생산성 측면만이 아닌, 생산과 판매라는 경영활동 사이클을 통해 보아야 합니다. 이 사례에서처럼 재고만 늘었다면 숫자 경영이 제대로 되지 않은 거죠. 그렇다면 무작정 열심히 물건만 만들어낸 생산 부서에게는 단순한 생산량 대신 어떤 숫자가 정말 중요할까요?"

"매출과 연계된 생산성입니다."

시종일관 불만스레 입을 꾹 다물고 있던 1조의 공채원 생산본부장이었다. 공채원 생산본부장이 반응을 보이자 홍영호 회계사의 표정이 밝아졌다.

"그렇습니다. 다시 말해서, 판매될 수 있는 제품을 만들면서도 판매 기회를 놓치지 않을 만큼의 적정재고를 유지해야 한다는 거죠. 따라서 재고자산이 판매되는 속도를 나타내는 재고자산회전율과 생산성을 동시에 고려해야 합니다."

이때 공채원 생산본부장이 다시 손을 들었다. 순간적으로 강의실엔 긴장감이 몰려왔다. 공채원 생산본부장이 무슨 말을 할까, 혹시 지난주 수업 때처럼 또 수업 자체가 중단되지나 않을까 임직원들은 긴장했다.

"바로 그게 우리가 원하는 바입니다. 하지만 회사에선 구체적인 생산성조차 기밀에 부치고 있습니다. 무조건 생산성을 높여라, 연간 생산량 목표를 채워라, 4조 3교대로 바꿔라…… 이렇게 무턱대고 지시만 내릴 뿐이지 도대체 무엇이 얼마나 부족하고 손실이 나는지, 공장별로 얼마나 이익을 냈고 손실을 냈는지 구체적으로 전혀 알려주지 않고 있습니다."

홍영호 회계사는 심각한 얼굴로 잠시 생각에 잠겨 있다가 고개를 들고 임직원들을 둘러보았다.

"방금 제기된 사안에 대해 답변해 주실 분, 혹시 안 계신가요?"

이에 기다렸다는 듯이 소판매 영업본부장이 격양된 목소리로 대답했다.

"그런 정보는 애초에 쉽게 알려줄 수 있는 게 아니죠. 직원들 누구나 회사 내부 정보를 쉽게 접할 수 있다면 그 정보가 어디 가만있겠어요? 회사 기밀이 외부로 새 나가는 건 불 보듯 뻔합니다. 또 원가구조나 제품별 손실 같은 사항을 공개하면 뭐 합니까? 영업 부서나 생산 부서 직원들이 숫자를 왜곡해서 받아들이는 경우가 생기곤 합니다. 괜히 내부 정보만 노출돼서 회사 경영전략이나 밖으로 나가고, 결국 경쟁사 좋은 꼴밖에 더 되겠어요?"

공채원 생산본부장도 물러서지 않았다.

"그럼 이번 교육은 대체 왜 하는 겁니까? 실컷 숫자 공부하라고 해놓고는 결국 중요한 숫자는 몰라도 된다, 이겁니까?"

"모두 알 필요는 없다는 거지 누가 전혀 몰라도 된답니까? 왜곡하지 마십시오! 정보가 너무 많으면 오히려 상황을 명확하게 보지 못하게 되는 겁니다. 그리고 회사 재무자료 다 공개해 버리면 단기적으로 그걸 이용하려는 세력들이 있기 마련입니다."

영업본부장의 말에는 일리가 있었다. 정제되지 않은 투명성은 오히려 모든 신뢰를 떨어뜨리는 결과를 가져오기도 한다.

"정말로 깨끗하다면 공개 못 할 이유가 없지요. 기부금도 어디에 어떻게 쓰는지 투명하게 공개해야 기부가 늘어나는 법입니다."

두 사람의 대화는 서로 자신에게 유리하다 여기는 점만 골라 상대방을 공격하는 식으로 이어졌다.

"몇 년 전 우리 회사 순이익이 사상 최고치를 달성했을 때 기억하십니까? 회사 설비투자 금액까지 유보하면서 이례적으로 제품별 실적을 공개하고 사상 최대의 인센티브를 지급했습니다. 그랬더니 어떻게 됐죠? 인센티브 금액때문에 말만 많지 않았습니까!"

공채원 생산본부장은 회사의 이익을 개인의 이익보다

앞에 두는 현실에 대한 불만으로 가득 찬 듯 맞받아쳤다.

"저도 기억합니다. 그때 이익 규모에 비해 인센티브가 너무 적었다는 게 생산부의 의견이었습니다. 하지만 그건 생산 부서만의 생각이 아니었습니다. 다른 부서들도 거둬들인 수익에 비해, 회사가 애초 약속했던 금액보다 인센티브가 너무 적다는 의견들이 많았습니다. 다른 회사들보다 1인당 실적이 높았음에도 회사가 너무 박하다는 불만이 터져 나왔습니다. 결국 문제는 공정한 인센티브가 지급되지 않았다는 데 있었던 거겠죠."

회사는 많은 돈을 쓰고도 항의를 받으니 답답할 노릇이었다. 성과가 다른데 똑같이 줬다, 사업부별로 차별했다, 성과급 책정 기준을 공개해야 한다는 등 불만 사유도 제각각이었다.

"그게 문제입니다. 이익은 많았지만 그때 상황에선 신규 제품 추진을 위한 대규모 설비투자가 불가피했습니다. 그런데 생산 부서는 투자금은 생각하지 않고 이익만 놓고 인센티브 인상을 요구했죠. 그뿐입니까? 생산성만 고려했지, 판매되지 않고 창고에 쌓여 있는 재고와 재고관리비용은 생각이나 했습니까? 기껏 회사 정보를 공개했더니 말만 많아졌지 뭡니까."

정보 공개에 대한 논쟁은 해명을 할수록 꼬여갔고 갈등은 깊어졌다. 과거에는 직원들끼리 성과급을 공유하지 않았지만 MZ세대들은 익명 커뮤니티를 통해 통장에 찍힌 액수를 공개하는 문화가 주를 이루고 있었다. 요즘은 인터넷 카페 게시판에도 대기업 직원 연봉 순위가 종종 올라오면서 이직을 위한 정보로 사용되곤 했다.

"이런 말까지는 안 하려고 했는데, 회사 회계 자료 공개를 주장하기 앞서서 노조비에 대한 회계 정보부터 공개하면 어떻습니까?"

공채원 생산본부장은 격노하며 얼굴이 뻘개졌다.

"아니, 노조 회계장부를 왜 공개합니까?"

"노조에 회사 지원금이 들어가고 노조 조합원들도 회비를 냈으니 당연히 어떻게 사용했는시 볼 권리기 있지 않습니까?"

"그건 노조 자율성을 침해하는 노조 탄압입니다."

"그런 논리라면 노조가 회사의 관리회계장부를 전부 공개하라는 것은 사용자 탄압이죠."

생산본부장과 영업본부장이 벌이고 있는 논쟁의 핵심은 어쩌면 교육장에 모인 모든 사람들이 두려워하고 있는 것이었다. 인간을 괴롭히는 것은 정보가 아니라 정보에 대한 편견이다. 숫자는 전체로 볼 때와 부분으로 볼 때 전혀 다른 의미를 갖기도 한다.

어떤 이들은 자신의 이익을 위해 자기에게 유리한 숫자만 공개하면서 자신을 합리화하기도 한다. 자료를 공개해도 서로를 믿지 않으면 자신이 보고 싶은 것만 보고 말하고 싶은 것만 말하게 된다.

투명 사회는 신뢰 사회가 아니라 만인이 만인을 감시하는 새로운 통제 사회를 만들어냈다. SNS가 다른 사람의 삶을 감시하고 착취해 가면서 폭력을 휘두르듯이 신뢰를 높이기 위한 정보 공개가 오히려 서로에게 상처를 주면서 신뢰를 깨뜨렸다. 투명성 이전에 자신들의 몫을 최대로 챙기고 싶은 탐욕을 다스릴 줄 알아야 했다.

눈으로 상황을 확인하기에는 너무 어두웠다. 과연 투명성의 본질은 무엇일까? 사람들에게 진실을 알려주는 것은 눈이 아니라 마음과 신뢰가 아닐까?

그때 홍현빈 대리가 우렁차게 말했다.

"그래서 저희 1조는 박인건을 재무이사로 채용한 것입니다!"

그 우렁찬 목소리에 모든 임직원이 홍현빈 대리를 주목했다.

"박인건 재무이사는 직원이 재산이며 무엇보다 투명 경영에 앞장서서 회사의 비전을 공유하겠다고 했습니다. 물론 투명 경영은 어쩌면 지금 생산본부장님과 영업본부장님처럼 임직원들 사이에 오해를 낳을 수도 있습니다. 하지만 회사에 대해 제대로 알 수 있다는 장점이 더 크다고 생각합니다. 문제는 투명 경영 그 자체가 아니라 투명하게 보여주었음에도 불구하고 일부 직원들이 색안경을 끼고 회사를 무조건 부정적으로 바라보거나 이에 대한 해결책으로 파업 같은 극단적인 방법을 선택하는 데 있다고 봅니다."

부정한 일로 교도소에 수감된 재벌 총수가 엄청난 연봉을 받았다는 사실을 국민 어느 누구도 납득하지 못하고 있었다. 등기임원의 연봉을 공개하는 것도 경영의 투명성을 높이고 경영진에 대한 보상이 적정한지 판단하도록 해서 책임경영을 강화하겠다는 취지였다.

그러나 다른 사람의 인건비는 공개해도 자신의 인건비를 공개하는 것에는 누구나 반대했고, 이것이 국민의 알 권리 침해인지 아니면 개인의 프라이버시 보호인지 의견이 충돌하고 있었다.

임원들의 고액 연봉에 거침 없이 문제를 제기하는 사람

들이 나오면서 연봉 공개를 피하기 위해 등기임원을 꺼리게 되었고 연봉 공개의 본래 취지는 사라져갔다.

개인별, 사업부서별로 차등을 두어야 한다고 주장하며 적자를 낸 부분까지 왜 챙겨줘야 하는지 모르겠다고 분개하는 일도 적지 않게 일어났다. 능력주의가 아니라 연공서열 같은 온정주의에 기반을 두니 능력 있는 직원들이 공정한 보상을 찾아 이직한다고 주장했다. 실적이 부진한 직원들도 목소리를 냈다. 성과가 높은 사업부의 무능한 직원이 성과가 낮은 사업부의 능력 있는 직원보다 높은 보상을 받은 게 과연 공정하냐고 반문하기 시작했다.

진실은 보는 사람에 따라 달랐다. 사람들은 각자 자신의 입장에서 보았다. 장부를 공개하는 순간 감당해야 할 책임의 크기는 차원이 다르게 커지기 시작했다. 자신이 진실이라고 믿는 것을 다른 사람한테 강요하면서 갈등은 시작되었다.

한편 정보 공개에는 복잡성의 문제도 있다. 거래가 많을수록 회계가 복잡해져 이해하지 못하거나 자신이 보고 싶은 것만 보는 직원이 생기기 마련이다. 소통의 부재는 이해의 부재이기도 하다. 그리고 이해의 부재는 복잡성이 원인이었다. 회계는 기업의 '역사'를 지배하기 때문이다.

홍현빈 대리의 직설적이면서도 진지한 발언 덕에 날카로웠던 강의실 분위기가 오히려 부드러워졌다. 홍영호 회계사는 자연스레 다음 주제로 넘어갔다.

부자는
돈보다
시간에 투자한다

"이제 남은 문제는 '열심히 물건을 만들고 열심히 팔아서 벌어들인 이익을 어떻게 쓸 것인가'로군요. 회사 경영이 잘돼서 발생한 이익, 어디에 사용하는 게 가장 좋을까요?"

아무 대답도 나오지 않자 홍영호 회계사는 2조 쪽으로 눈길을 돌렸다.

"첫 번째 수업시간에 주주 중심 경영을 목표로 한다고 하셨던 2조는 어디에 이익을 쓰시겠습니까?"

별표를 많이 따야겠다는 생각에 빠져 회사 목표를 까맣게 잊고 있었던 2조 조원들은 홍영호 회계사의 질문에 잠시 웅성거렸다. 2조의 임원 중 한 사람이 머뭇머뭇 일어나며 말했다.

"네, 저희 조는 주주 중심의 경영을 하겠다고 했습니다. 그러니까 이익도 회사 목표에 맞게 사용해야겠죠. 주주들은 배당을 많이 해주는 회사를 좋아하지 않습니까? 그래서 저희는 이익의 상당 부분을 주주배당으로 사용하려고 합니다."

2조 임원의 얘기가 끝나기 무섭게 직원들 몇몇이 손을 들며 한 마디씩 거들었다. 다들 주식투자에 관심이 많은 듯했다.

"주식투자라면 저도 할 만큼 해봤는데, 현금 배당도 좋지만 자사주 매입을 하는 회사가 좋다는 얘기들을 많이 하더라고요. 회사가 자기네 회사 주식을 구입한다는 건 그만큼 장사가 잘된다, 자신감이 있다, 그런 뜻 아니겠어요? 자기 회사에 대해 가장 잘 알고 있을 회사가 자사주에 투자한다는 것 자체가 그 어떤 정보보다 신뢰가 가는 정보라고 봐야겠죠."

홍영호 회계사는 원활한 수업 진행을 위해 임직원들의 이야기를 중단시켜야 했다.

"네, 재테크에 관심이 많으셔서 그런지 모두 정답에 가까운 얘기들을 하셨습니다. 그런데 이렇게 많은 관심을 갖고 계시는 재테크에서 가장 중요시해야 할 개념이 뭐라고 생각하십니까?"

다소 추상적인 질문에 사람들은 머뭇거리며 선불리 대답하지 못했다.

"그건 바로 '복리'입니다. 부자는 수익률이 아닌 '시간'을 가장 소중하게 여깁니다. 즉, 시간과의 싸움에서 이기는 사람이 바로 부자인 거죠. 그리고 그 '시간 싸움'에서 승리하는 노하우가 바로 복리라는 겁니다. 복리의 힘은 회사의 이익에도 그대로 적용됩니다. 회사가 힘들게 벌어들인 돈을 모조리 밥 사 먹는 데 써버리면 회사의 자산가치는 커나갈 수가 없죠. 그러나 만약 그 이익을 아껴서 자산에 재투자한다면 복리효과에 의해 눈덩이처럼 회사의 자산 역시 커집니다. 그런데 문제는 뭡니까?"

"밥을 사 먹자는 사람들이 많다는 겁니다."

소판매 영업본부장이 공채원 생산본부장을 의식하며 큰 소리로 대답했다.

"네, 그렇습니다. 주주는 배당을, 채권자는 이자와 원금 상환을, 임직원들은 인센티브를 요구합니다. 실제 한국 대표기업들의 주주환원율은 50퍼센트에 육박하고 있는데 이익의 절반을 주주관리비용으로 지출하고 있는 셈입니다. 이렇듯 무조건 주주 위한답시고 이익을 사용해서는 안 된다는 겁니다. 정말로 주주들을 위한다면 이익을 재투자해서 회사 가치를 성장시켜야죠. 그게 결국 주주들에게도 좋은 일 아니겠습니까?"

홍영호 회계사는 연단을 짚고 서며 말을 이었다.

"재투자할 때 반드시 살펴봐야 할 것들이 있습니다. 바로 영업활동 현금흐름과 자산이익률입니다. 현금이 있어야 재투자가 가능해지고, 그래야 재테크 노하우인 복리효과도 나타나게 됩니다. 이렇듯 영업활동에선 장부상에 나타난 이익이 아닌 현금흐름에 주목하셔야 합니다. 그리고 재투자할 때 명심해야 할 다른 하나는, 비용으로 잘 바뀌지 않는 자산을 구입해야 한다는 겁니다. 지난 시간에 설명한 것처럼 자산수익률이 좋은 자산이나 수명이 긴 자산들은 비용으로 잘 바뀌지 않습니다. 비로 이런 자산들을 골라 재투자하셔야 합니다."

홍영호 회계사의 말에 영업본부장은 뭔가 찔리는 듯 움찔하는 표정을 지으며 당황했다. 공채원 생산본부장은 영업본부장의 표정을 보았는지 작게 투덜대듯 중얼거렸다.

"그러니까 투명 경영을 해야지. 숫자로 잘 보이게."

이때 현금 배당이 중요하다고 발표했던 2조 임원이 이해가 안 된다는 듯 물었다.

"그래도 주가관리를 위해서는 배당을 많이 해야 하지 않나요?"

"맞습니다. 배당도 중요합니다. 하지만 무조건 배당금이 큰 것보다는 단 1퍼센트라도 꾸준히 배당하는 게 더 중요합니다. 작년에는 4퍼센트를 배당했는데 올해는 한 푼도 배당하지 않는다면 그 회사의 배당 정책을 믿지 못할 겁니다. 그보다는 어떤 상황에서도 안정적으로 배당하는 회사에 더 신뢰가 가겠지요."

국고는 법률이 정한

지출승인 절차에 따라서만

지출할 수 있다.

또한 모든 공금의

수납 및 지출에 관한 정식 결산서는

수시로 공표해야 한다.

– 미국 헌법 1조 9절

안정성,
수익성,
성장성,
세 마리 토끼

"머니 바이블 블로그에서
더 많은 회계 꿀팁을 전수해 드립니다."

4주에 걸친 교육이 끝났다. 지금까지 순위는 별표를 두 개 받은 2조와 3조가 공동 1위였고, 1조는 별표 한 개로 단독 꼴찌였다. 1조 CEO인 오영탁 대리는 한숨을 내쉬며 작게 푸념을 늘어놓았다.

"하필 생산본부장님이랑 영업본부장님이랑 같은 조가 되어 말썽이고, 거기다 수익성 개선 공모를 앞두고 분기 마감까지 겹쳐서……."

툴툴거리는 오영탁 대리를 딱하게 쳐다보며 홍현빈 대리가 위로하듯 말했다.

"오 대리 열심히 한 거 알아. 그럼 됐지 뭐. 그리고 재무부 직원이면 분기 마감이 우선이지. 그래야 회사가 제대로

굴러가고, 또 오 대리가 돈 관리를 잘해야 우리 회사 가치
가 늘어나지."

"그렇죠? 차장님은 아시죠? 제가 얼마나 회사를 위해
애쓰는지……."

오영탁 대리의 얼굴이 금세 환해졌다.

그렇게 홍현빈 대리와 오영탁 대리가 속닥거리고 있는
사이에 연단에 선 홍 회계사가 다시 이야기를 시작했다.

"이제 최종 평가를 하겠습니다. 회사는 회사의 상황을
임직원들에게 투명하게 보여주고 비전을 공유해야 하며,
임직원들은 회사의 상황을 알고 같이 비전을 공유해서 주
체적으로 회사를 이끌어나가야 할 겁니다. 그런 의미에서
여러분이 세웠던 목표를 끝까지 제대로 실행한 회사가 경
영을 가장 잘했다고 볼 수 있겠죠? 먼저 2조는 주주 중심
경영을 한다고 했지만 단기적인 주가관리에만 신경을 썼
습니다. 주주 중심 경영을 하려면 무엇보다 회사 가치를 키
워 주가를 올려야 하는데, 일시적인 배당을 선호하는 형태
의 경영을 보여줬다고 봅니다."

2조 조원들 사이에서 일제히 한숨이 터져 나왔다. 홍영
호 회계사는 계속해서 발표했다.

"다음으로 3조는 시장점유율과 매출을 확대하는 것이

248

본래 목적이었지만 이절약을 재무이사로 채용함으로써 이익 중심으로 목표를 바꿔버렸습니다. 이렇게 그때그때 경영방침을 바꾼다면 주주는 물론 회사 임직원들까지도 회사를 신뢰할 수 없습니다."

이번엔 3조원들 사이에서 안타까운 탄성이 터져 나왔다.

"반면 가장 논쟁이 많았고 의견 충돌도 많았지만 자의 반 타의 반으로 박인건을 재무이사로 선임한 1조는 투명 경영 시스템을 도입해 임직원들의 사기를 높이려는 다양한 시도를 했습니다. 이는 1조가 세웠던 당초의 목표, 즉 '임직원이 일하고 싶은 회사를 만든다'는 목표에 가장 충실한 경영방침이라고 볼 수 있습니다."

홍영호는 기업의 존재 이유를 강조하고 있었다. 기업의 중심이 되는 비전과 미션을 제대로 정의하지 못하면 직원들에게는 동기부여가 되지 않는다. 이런 회사의 비전을 깨달을 때 능력은 커지고 힘이 되는 법이다.

목표 없이 사는 것이 행복하다고 여기는 사람은 없다. 기업은 항상 자신들의 사업이 무엇인지, 그리고 무엇이어야 하는지 물어야 한다. 때론 질문을 던지는 것으로 훌륭한 목표가 설정되기도 한다.

"종합 평가에서 1등을 한 조에겐 제가 별표 두 개 주기로 약속드렸죠?"

홍영호 회계사는 1조에 별표 두 개를 주었다. 이에 따라 총 별표 세 개를 받은 1조가 우승을 거머쥐었다. 1조 조원들은 별 세 개가 붙은 것을 보자 그제야 정신이 든 듯 환호성을 지르며 일제히 자리를 박차고 일어나 서로를 얼싸 안았다.

홍영호 회계사는 먼저 손익계산서보다는 재무상태표를 소중하게 생각하라고 했다. 손익계산서엔 이익이 바로 나오기 때문에 거기에 나타난 매출과 비용, 이익만을 믿고 사업계획을 수립하고 성과평가를 하기 쉬운데, 현실은 손익계산서와 전혀 다를 수 있기 때문이다. 자산과 비용의 관계에서 볼 수 있듯이 장부상 이익은 순전히 허상에 불과할 수 있음을 각별히 명심해야 한다고 강조했다. 이익과 현금은 엄연히 다르므로 이익잉여금이 많다고 현금이 많은 것은 아니다. 이익잉여금은 단지 이익을 합산해 놓은 것이다.

이론상으로 이익은 현금 형태로 존재해야 하지만, 실제는 미수금이나 설비 등의 형태로 바뀌기 마련이다. 그러나 이익잉여금이 많으면 실제 그만큼의 현금이 회사에 있는 것으로 착각하는 사람들이 많다. 또한 무엇보다 손익계산서로는 돈 모으는 재미를 알 수가 없으니, 돈 모으는 재미가 느껴지는 재무상태표를 보면서 순자산(=자산-부채)이 얼마나 늘었는지를 꾸준히 체크해 나간다면 회사의 가치가 어디에서 오는지 파악할 수 있을 거라고 덧붙였다.

홍영호 회계사는 그들이 이미 아는 것을 이용해서 그들이 아직 모르는 것을 알려주고 있었다.

"기업이란 이익을 내야 하고, 성장을 해야 하고, 절대 망하지 않아야 합니다. 사람에게 목숨보다 중요한 게 없듯이 기업에게는 망하지 않는 안정성이 첫째입니다. 망하면 모든 것이 끝이죠. 둘째, 수익성이 좋아야 합니다. 수익성은 돈 버는 힘을 말합니다. 셋째, 성장성은 회사를 좀 더 가치 있게 만들어줍니다."

홍영호 회계사는 군더더기를 빼고 안정성, 수익성, 성장성에 대해 자신만의 방식으로 핵심을 설명했다. 보통 사람들은 수익성을 말하지만 영호는 안정성을 먼저 말했다. 영호가 말한 안정성은 현금 유동성을 의미하는데, 유동성은 결국 빚의 문제이므로 부채를 상환할 수 있는 능력을 뜻했다. 한편 수익성은 이익이 얼마나 높은가의 문제로, 매출액 대비 이익률 또는 투자자산 대비 이익률로 확인해야 한다. 성장성은 회사의 미래를 알려주는 것으로, 지금의 이익을 위해 황금 알을 낳는 거위를 잡아먹지 않아야 한다.

임직원들은 그동안 수고한 홍영호 회계사에게 큰 박수를 보냈다.

홍 회계사가 연단 뒤로 물러서자 대회의실 앞문이 열리고 박정석 사장이 들어섰다. 박 사장은 봄 햇살처럼 환해진 직원들의 얼굴과 그 옆에서 심각하게 굳은 표정으로 앉아 있는 생산본부장의 얼굴을 동시에 보았다.

박 사장은 때마침 칸 아이란의 적대적 매수를 방어했다는 소식을 전했다. 회계 교육이 이루어지는 동안 회사의 투명성을 높이려는 노력 덕분에 자금조달에 성공했고, 회사 임직원들은 주주들을 맨투맨으로 설득하면서 국내 투자자들로부터 우호 지분을 확보할 수 있었다고 한다.

시작힐 땐 교육에 대해 그렇게 말들이 많았던 임직원들도 막상 교육이 끝나자 아쉬워하는 눈치였다. 그리고 그들의 변화는 거기서 그치지 않았다. 여느 때 같았으면 마지막 수업을 핑계로 한잔하자는 소리가 나올 법도 한데 모두들 총총히 귀가를 서둘렀다.

홍현빈 대리는 꼭 술을 한잔 걸치고 싶었다. 이래저래 기분 좋은 하루였기 때문이다. 교육에서 자신이 속한 조가 우승을 했고, 자신이 투자했던 주강건설의 주가도 연일 하한가를 치다가 드디어 상승기류를 타기 시작했다.

"오 대리, 그러지 말고 가볍게 한잔하지 그래?"

홍현빈 대리는 조용히 오영탁 대리를 붙잡고 늘어졌지만, 오 대리마저 평소와 다르게 완강한 태도를 보였다.

"홍 대리님, 소주 한잔하면 일주일 용돈이 날아가요"

홍현빈 대리는 할 말이 없어졌다. 소주와 삼겹살 값이 너무 올라 직장인들의 애환을 달래주던 삼겹살에 소주 한잔은 이제 사치가 되고 있었다.

"홍 회계사님 얘기 못 들으셨어요? 밥 사 먹고 술 사 먹으면 나중에 쪽박 찬다잖아요. 근데 전 부자 되고 싶거든요"

오영탁 대리는 무슨 공익광고처럼 저축이 아닌 소비가 미덕이 되는 사회는 미래가 없다는 듯이 말하고는 경쾌한 발걸음으로 회사를 유유히 빠져나갔다.

'야, 인생 뭐 있다고 그렇게 아등바등 사냐?'

홍현빈 대리는 목까지 차오르는 말을 억누르곤 별수 없이 지하 주차장으로 내려가 차에 올랐다. 홍 대리는 다시 자가용으로 출퇴근을 하고 있었다. 밤늦게까지 공모 제안서를 만들다 보니 다음 날 아침은 늦잠 자기 일쑤였고, 지각을 면하기 위해 어쩔 수 없이 차를 가지고 다녔다. 그런데 다시 자가용으로 출퇴근을 해보니 역시 지하철보다는 차를 가지고 다니는 것이 편하다는 생각이 들었다. 출퇴근 길 콩나물시루 속 같은 지하철 안에서 짓눌리며 짐짝 취급 당하는 것보다는 교통비가 좀 더 들더라도 숨통이 탁 트인 차가 쾌적했다. 한 가지 더 욕심을 내 10년이나 된 낡아빠진 차를 새 차로 바꾸고 싶은 마음이 굴뚝같았다. 주가도 올랐고 곧 적금 만기일도 돌아오는 걸 고려한다면 새 차 뽑는 것도 어려운 일은 아닐 듯싶었다.

한 달 전 가계부 이야기가 나온 뒤부터 현빈의 아내 미애는 열심히 뭔가를 적기 시작했다. 거실 테이블 위엔 아내가 쓰다 만 메모지가 널려 있었다. 현빈이 아내의 눈치를 살피며 메모지를 보았다.

미애가 쓴 가계부는 다른 가계부와는 조금 달랐다. 단순히 수입과 지출만을 쓴 것이 아니라 거의 일기장에 가까운 기록이었다. 얼마가 들어오고 나갔는지를 넘어 물건을 산 이유와 배경, 동행했던 사람, 그리고 당시의 심정까지 적혀 있어서 보기만 해도 어지러웠다. 일목요연해 보이지 않아서 '가계부란 이런 것이다'라고 일장 연설을 해주고 싶은 마음이 들었지만 한편으로는 쓰는 것만 해도 대단하다는 생각이 들어 꾹 참았다.

"당신 오늘 일찍 왔네?"

아내는 현빈에게 습관처럼 말을 건넸다. 현빈 역시 습관처럼 아무 대답 없이 고개만 끄덕이고는 욕실로 들어갔다. 결혼한 지 5년이 넘은 지금은 특별한 대화 없이 저녁시간을 보내는 게 오히려 더 자연스럽게 느껴졌다.

세수를 하던 현빈의 머릿속에 순간 커뮤니케이션의 중요성을 강조하던 홍영호 회계사의 모습이 떠올랐다. 부자 회사를 만들기 위해선 투명 경영을 해야 하는데 그 핵심은 합리적인 도구를 이용한 커뮤니케이션이라고 했다. 그렇다면 이건 곧 부자 가정을 만들기 위한 방법도 된다는 말이다.

문득 현빈은 아내와 진지한 대화를 해본 게 언제였는지 생각해 봤지만, 까마득하게 느껴질 뿐이었다.

'우리 집을 부자로 만들기 위해선 아내와 솔직하고 투명하게 대화를 나눠야 하는데 말이지.'

샤워기에서 나오는 뜨거운 물로 뭉친 근육을 풀며, 현빈은 혼자 피식 웃고 말았다.

"당신 말대로 목표를 세웠어."

현빈은 수건으로 얼굴을 닦다가 아내의 말에 뒤를 돌아봤다.

"무슨 목표?"

"5억 원인지 10억 원인지 목표를 세우고 돈을 모으자고, 당신이 그렇게 얘기했잖아."

"아, 그거?"

현빈이 무심코 한 이야기를 미애는 한 달 동안이나 궁리했던 것이다.

"그래서 내가 돈 모으는 방법을 이리저리 생각해 봤는데……. 근데 당신 혹시 72법칙이라고 알아?"

아내가 숫자 이야기를 꺼내자 순간 현빈의 뒤통수가 띵해졌다. 자신보다 더 숫자를 싫어하던 아내가 먼저 이런 말을 한다는 사실이 당황스러웠다.

"오늘 앞집 지영이 엄마가 놀러왔는데 주식으로 돈을 벌었다고 어찌나 자랑을 하던지, 배 아파 죽는 줄 알았다니까. 이번에 결혼하는 자기 올케도 예물로 보석 대신 골드바를 사서 금테크를 하기로 했대."

현빈이 잠옷으로 갈아입는 동안 아내는 낮에 있었던 일을 드라마처럼 풀어내기 시작했다.

"지영이 엄마가 그러는데, 72법칙은 복리로 원금을 두 배 불리는 기간을 쉽게 계산하는 방법이래."

아내는 오늘 처음 배운 용어를 거의 전문가 수준으로 설명했다.

"예를 들어 우리가 1000만 원으로 주식투자를 해서 연간 10퍼센트 수익을 낼 수 있다면 7.2년이 지난 후에는 원금 1000만 원이 두 배인 2000만 원으로 늘어난다는 거야. 그리고 여기서 다시 7.2년이 지나면 2000만 원이 4000만 원으로 늘어나고, 또 7.2년이 지나면 8000만 원이 되고……. 이렇게 20년이 조금 넘어가면 돈은 기하급수적으로 마구 불어난다는 거지."

현빈은 고개를 끄덕거렸다. 72법칙 자체는 낯설었지만, 복리 개념은 이미 교육시간에 들어서 아는 내용이었다.

"그래서 요점이 뭔데?"

"다음 달에 큰돈이 들어와."

미애가 꺼내놓은 적금통장은 남편인 자신보다 더 소중하게 생각할지도 모른다 싶게 5년 동안 애지중지 부어오던 아내의 재산 목록 1호였다.

아내는 적금으로 집 안 인테리어를 다시 하고 싶다고 했고, 현빈은 내심 새 차를 뽑을 꿈에 부풀어 있었다.

"요즘 인테리어 수요가 엄청나서 평당 100만 원으로는 엄두도 못 낸다더라. 이 돈 가지고는 거실만 하다가 끝날 것 같아. 그래서 나 적금 찾으면 다시 재투자하려고. 50살에 회사에서 잘리고 노후소득 벌려고 70살까지 일할 수는 없잖아. 우리도 파이어족 한번 꿈꿔 보자."

순간 현빈은 저녁에 먹은 음식이 목구멍까지 올라오는 걸 억지로 참으면서 아내에게 물었다.

"그럼 내 차는?"

미애는 답답하다는 표정이었다.

"우리는 수입이 부족한 게 아니라 수입보다 더 많이 쓰는 게 문제인 거 알지? 가계부는 적자인데 집하고 차만 멋들어지면 문제 있는 거 아냐? 이 3000만 원을 복리로 재투자하면, 10년 후 얼마가 되겠어요?"

너무나 익숙하게 복리니 재투자니 하는 말을 하는 미애는 이미 한 달 전의 미애가 아니었다. 숫자라면 거의 알레르기 반응을 보이던 아내는 지금 어디에도 없었다.

"차가 논 벌어주나? 인테리어 바꾸면 돈이 굴러들어 오나? 이런 낭비 때문에 우리 월급은 항상 통장을 스쳐 지나가잖아."

미애는 낙제 수준인 요즘 사람들의 금융 태도를 꼬집고 있었다. 집이 없어도 일단 사고 싶은 것은 사야 하고, 돈이 있으면 저축하기보다는 쓰고 보는 것이 지금의 세태였다. 게다가 사람들은 빚을 내서라도 좀 더 넓고 편한 집으로 이사하려 했고, 사회와 정부는 부동산 시장을 활성화시키기 위해 빚을 권하면서 이제 사회는 빚으로 돌아가는 지경에 이르렀다. 유튜브에서는 20대 인플루언서들이 올린 명품 언박싱 영상이 높은 조회수로 인기를 끌고 있었다. 성공하거나 돈을 모아서 부자가 되는 것이 불가능한 상황에서 명품을 사서 부자 흉내를 내거나 부자의 감정을 느끼고 싶은 현상인 것이다. 꿈을 이루기 힘든 사회에서 얻고자 하는 일시적인 만족감이었다.

현빈도 전에는 자신이 빚이 많은 것을 사회 탓으로 돌렸다. 높은 집값과 소득불균등이 문제라고 말이다. 그러나 저축보다 소비에서 더 큰 만족을 느끼고, 미래보다는 오늘을 위해 살며 돈은 쓰기 위해 있다고 생각하는 잘못된 인식도 큰 원인 중 하나였다.

하긴, 차를 바꾸면 일주일 정도야 기분이 좋겠지만 거금을 투자해 산 그 차는 얼마 지나지 않아 스트레스의 주범으로 둔갑할 것이다. 가뜩이나 요즘 새 차만 골라서 긁고 다니는 애들 때문에 울상 짓는 이웃들이 한둘이 아닌데, 새 차 샀다가 혹시 긁힌 건 아닐까 밤새 전전긍긍할 생각을 하면 당장 잠이 싹 달아날 지경이었다.

언덕 위에서 굴린 주먹만 한 눈덩이가 언덕을 내려올 때쯤이면 집채만 하게 커지는 법이다. 그러니 차 살 돈을 재투자해 복리로 불려간다면 10년, 20년 후에 그 돈이 얼마가 되겠는가?

"누군가 절약하고 똑똑하게 투자할 줄 아는 사람은 평생 돈 걱정 없이 살 수 있다고 하더라. 자기 월급은 한정되어 있고 몸값을 올린다는 것도 현실적으로 어려워. 결국 수입을 늘리기 위해서는 투자를 할 수밖에 없다는 결론이지. 그래서 믿고 투자할 수 있는 회사 주식을 매월 50만 원씩 10년 정도 꾸준히 사 모을 생각이야. 그럼 자산이 크게 불어나 있지 않을까? 어디서 봤는데 부자들의 평균 연령이 60대라네. 일정 규모 이상의 자산이 축적된 부자들은 나이가 필요조건이라는 거지. 너무 빨리 부자가 되려고 조급해할 필요가 없다고 했어. 단순하게 생각하래. 최대한 열심히 벌어서 적정하게 지출하면서 저축할 여력을 확보하라고 했어. 그러면 일정 시점에 가서는 자산이 계속 늘어나는 선순환구조에 들어서는 거지. 쓰는 것보다 버는 것이 많으면 시간이 지날수록 자산이 늘어나게 된다는 거야."

"파이프라인의 수가 중요한 것이 아니라 흐름과 시스템이 중요한 거네?"

돈을 투자해서 오래 기다리는 것은 정말 어렵겠지만 아무것도 없는 일반 서민이 부자를 따라 할 수 있는 방법은 최대한 오래 투자하기 정도일 것이다. 현빈의 머릿속에 주식투자의 성공 비결은 머리가 아니라 엉덩이에 있다는 격언이 떠올랐다. 돈을 모으면 조기 은퇴하여 하고 싶은 일을 하면서 살고 싶어졌다. 오래 기다려야 일어날 일이긴 하지만 멋진 자신의 모습을 미리 상상하니 뿌듯함이 몰려왔다.

"그래. 은퇴 여부는 그때 가서 결정하더라도 은퇴 준비는 빠를수록 좋지."

현빈은 고개를 끄덕이며 지난 한 달 동안 배운 회계 교육을 떠올렸다. 처음엔 숫자와 회계에 대한 선입견 때문에 얼마나 싫어했는지, 그러나 막상 교육이 진행되자 또 얼마나 재미있고 유용했는지를 생각했다. 그런데 그렇게 많은 것을 배워놓고 수업 끝나기가 무섭게 차 바꿀 생각을 한 자신이 부끄러웠다. 투자한 회사의 주가가 올랐다고, 교육에서 자신의 조가 우승했다고 순간적인 기분에 휩싸여 힘들게 배운 내용들을 순식간에 깡그리 잊어버렸던 것이다.

그제야 홍영호 회계사가 진정으로 전달하고자 했던 회계의 핵심을 알 것 같았다. 재무제표에 왜 하나의 원을 그려놓고 그 흐름을 보라고 했는지도 감이 잡히기 시작했다. 자금조달에서 시작해 자산에 투자하고 비용을 기반으로 수익을 창출한 후 벌어들인 이익을 재투자하는 사이클은 홍영호 회계사가 책에서 밝힌 회계의 정수였다. 이 원처럼 경영 흐름이 재무제표 위에서 활발하게 춤을 춰야 기업의 생명력이 이어지는 것이다.

올바른 기업은 이질적인 목표를 가진 구성원들이 자신의 역할을 제대로 해냄으로써 전체가 조화를 이룬다. 직원들이 각자의 재능을 발휘하면서 전체적으로 조화를 이룰 때 역할을 제대로 할 수 있는 것이다. 이를 가능하게 하는 것이 투명 경영이다. 그리고 그 투명 경영은 이해관계자들 간의 신뢰를 바탕으로 한 소통이 이루어져야만 가능하다.

홍현빈은 여기에 성과평가시스템을 바꾸는 시도를 생각해 냈다. 사람이란 동기부여에 의해 움직이므로 회계의 사이클이 원활하게 움직이도록 하기 위해서는 그에 걸맞은 인센티브가 필요하다. 숫자는 보상의 공정성을 높이는 데도 도움이 될 것이다. 판매 부서를 단지 매출만으로 평가했기 때문에 대금 회수가 어려운 거래처에까지 납품하는 등 회사의 목표는 부서의 목표를 위해 무시되어 왔다. 생산 부서도 부서의 목표인 생산성을 높이느라 돈이 재고자산에 묶이게 해 회사에 손해를 가져왔다.

이런 부작용을 막고 공정한 보상제도가 자리 잡으려면 부서의 목표와 회사의 목표를 일치시키는 작업도 함께 이루어져야 했다.

"당신 안 자?"

아내가 침대에 누우면서 물었다.

"먼저 자. 사내 공모전이 모레 마감이거든. 마지막 부분
이 좀 남아서 오늘 밤에 완성하고 자려고."

현빈은 다시금 홍영호 회계사의 수업을 떠올리며 스탠
드를 켜고 컴퓨터 앞에 앉았다.

홍영호 회계사는 재무이사와 인사이사 등 몇몇 중진들
과 함께 '수익성 개선 방안' 공모에 응시한 제안서들을 꼼
꼼히 검토해 최우수작을 선정했다. 그리고 오늘 박정석 사
장과 미팅을 갖고, 최우수작으로 뽑힌 제안서에 대해 보고
했다. 제안서 내용과 제안서를 낸 직원에 대한 얘기가 홍
회계사와 박 사장 사이에서 잠시 오갔고, 이어 대화의 화제
는 자연스레 지난주에 끝난 회계 교육으로 넘어갔다.

"이번 교육은 기대했던 것보다 성공적으로 끝난 것 같
습니다. 누구보다 홍 회계사님께서 수고가 많았습니다."

박정석 사장이 선두로 박수를 치자 동석했던 중진들도
따라서 박수를 치며 홍영호 회계사의 열강에 답례를 전했
다. 홍 회계사는 쑥스러운 미소를 지으며 박 사장과 중진

임원들에게 목례를 했다.

"모두 적극적으로 참여해 주신 덕분에 무사히 수업이 끝날 수 있었던 것 같습니다. 그런데 한 가지 아쉬웠던 점은, 생산부와 영업부의 갈등이 마지막 수업 때까지 계속됐다는 겁니다. 이 점이 지금도 마음에 걸리네요."

교육 현장에서의 일을 이미 전해 들은 터라 박정석 사장과 중진들은 무슨 이야기인지 금방 알아차릴 수 있었다. 노조에서는 5대 공동 요구안으로 임금인상률 10퍼센트, 초과이익 성과급으로 세전이익 20퍼센트 지급, 목표 달성 장려금 평균임금에 산입, 정년 70세 연장, 복리후생 개선을 제시하고 있었다. 투쟁을 원하지 않는다고 하면서도 협상을 위한 공동교섭장에 나오도록 압박을 가하는 것은 사실상 투쟁이나 다름없었다.

박 사장이 미간을 좁힌 채 골똘히 생각에 빠져 있는 사이 고춘삼 인사본부장이 먼저 자신의 의견을 피력했다.

"임직원들과의 문제는 앞으로 있을 임금협상이 최대 고비가 될 겁니다. 무엇보다 인센티브를 지급하는 기준에 대해 심도 있는 논의가 필요하다고 생각합니다."

이에 재무이사가 입을 열었다.

"인센티브 지급 기준도 문제지만 더 중요한 건 직원들

이 회사 측을 신뢰하지 않고 있다는 겁니다. 회사가 떼돈을 번 걸로 아는데, 왜 자신들에겐 그 성과를 돌려주지 않느냐는 불만인 거죠. 사실 매출액에 비하면 이익이 그리 많이 난 것도 아닌데…… 대규모 설비투자 금액을 회수하기 위해선 아직 시간이 더 필요하고, 거기다 올해와 내년도 신규 투자 예상액을 고려하면 얼마 안 되는 이익을 써버리기에는 여유가 없습니다."

잠자코 이야기만 듣고 있던 홍영호 회계사가 재무이사를 보며 입을 열었다.

"현재 직원들에게 제공되는 회사의 재무 자료들은 어느 정도 수준입니까?"

"글쎄요. 공시되어 있는 재무 자료 정도입니다. 그 이상의 자료는 교육 중에도 이야기가 나온 것처럼 공개하면 오히려 역효과가 생길 수 있습니다."

"맞는 말씀입니다만, 저는 꼭 그렇지만은 않다고 생각합니다."

홍영호 회계사는 과거에 허준 회계사와 신성훈 부장이 회계를 널리 알리기 위해 회계 대중화에 노력했던 일이 생각났다. 그러나 기성 회계인들은 회계가 너무 대중적이 되는 것을 결코 반가워하지 않았다. 그렇게 되면 자신의 밥그

릇이 없어질 것이라는 위기감 때문이었다. 그래서 기득권을 가진 사람들은 다른 사람들이 회계정보에 접근하는 것을 차단하고 혼자 그 정보를 소유하려 했다.

홍영호 회계사는 재무이사의 의견을 일정 부분 존중하면서도 뚝심 있게 자신의 의견을 제시했다.

"예전에 제가 근무했던 회사도 부정적인 측면이 많다고 해서 회사 내부정보를 숨겨왔는데 바로 그 점이 회사와 직원들 사이의 불신을 싹트게 했습니다. 공시가 부담일수도 있지만 기회일 수도 있습니다."

"기회라니요?"

"공시를 위해 데이터를 측정하면 데이터를 관리할 필요성을 느끼게 될 것입니다. 그래서 공시 자체가 ESG의 출발점이 됩니다. 물론 우려하시는 것처럼 모든 정보를 공개하면 정보 노출 가능성이 있습니다. 또 직원들이 이해하지 못하는 정보는 그림의 떡에 불과할 수도 있습니다. 그러나 전부는 아니더라도 회사가 제시하는 비전에 맞고 직원들이 알아야 할 정보라면 간단하게라도 알려주는 것이 오히려 자발적인 참여를 유도할 수 있다고 봅니다. 적정재고 수량이나 적정 매출채권관리 같은 것도 본사에서 집계하여 지시하는 형태로 전달하지 말고, 재고 수량과 매출채권관리에 대한 중요성을 알리는 동시에 그 수치를 직원들 스스로 깨닫게 해주는 것이 바람직하다고 봅니다. 이러한 내용이 이번 최우수작으로 뽑힌 제안서의 골자입니다."

"꼭 필요한 부분만 뽑아서 알려주자는 건가요?"

잠자코 홍영호 회계사의 이야기를 듣고 있던 박정석 사장이 최우수 제안서를 다시 만지작거리며 물었다.

"생산과 관련된 부서는 생산성을 높이는 것이 목적이겠지만, 생산성이 판매와 연결될 때 회사의 이익으로도 이어진다는 것이 중요합니다. 따라서 생산 관련 부서라면 단순한 생산성 수치보다는 판매와 연결된 생산성지표를 보여줘야 하고, 판매 부서의 경우 채권관리가 함께 이루어져야 하기 때문에 현금 매출은 실제 매출로 인정해 주는 대신 채권 회수가 지연된 부분은 이자를 계산해 매출에서 차감하는 수치로 보여줘야 한다고 이야기하는 게 이 제안서의 내용입니다."

"그렇다면 그 수치를 성과평가에 반영해도 좋겠네요."

고춘삼 인사본부장의 말은 사실이었다. 피겨스케이팅 선수들이 채점 기준을 명확히 알고 이에 맞춰 연습하고 게임에 임하는 것처럼, 직원들도 회사의 성과평가 기준에 따라 생각하고 행동하게 된다. 성과평가 기준이 회사를 빚어

내는 것이다.

그러려면 우선 회사가 추구하는 목표가 무엇인지를 정확히 정의할 필요가 있다. 그리고 이를 달성하기 위해 직원들이 어떻게 행동하게 할 것인지를 파악한 다음 그것을 평가하는 지표를 찾아야 한다.

"네, 그래야 직원들이 경영의 관점에서 자신의 업무를 바라보게 될 겁니다. 결국 핵심은 판매량이나 생산량이 아니라 철저하게 '회사의 이익'을 높이기 위한 목표를 부여하고 그 기준에 따라 성과를 평가해야 한다는 것입니다. 또한 이익을 현금으로 전환하는 과정에 대해서는 태스크포스팀을 구성해 회사에 맞는 지표를 산출해 낸다면 더욱 좋을 것 같습니다."

공모전 최우수작으로 뽑힌 제안서의 요지는 '받고 나서 낸다'는 원리를 단순한 성과평가시스템으로 만든 것이다. 현금 회수를 빨리할 수 있도록 성과평가시스템을 현금 매출로 통일하고, 지출 일자는 통폐합하여 단순하고 쉽게 회계 자료를 만들자는 것이었다.

박 사장이 고개를 끄덕이며 입가에 미소를 머금었다.

"그동안 직원들에게만 숫자의 중요성을 강조했지, 정작 나 스스로는 실천력이 부족했던 것 같습니다. 수익성을 높이기 위해서는 임직원들의 수익성 마인드를 제고하는 것이 무엇보다 중요한데, 이번 교육을 시발점으로 해서 철저하게 숫자 경영을 해보도록 하지요."

수익성 개선 방안 공모 최우수작은 영업부 홍현빈 대리의 제안서로 결정됐다.

홍 대리는 커뮤니티 공지사항에 올라온 결과를 보며 가슴이 뜨거워지는 걸 느꼈다. 포상으로 주어질 상금과 1계급 특진보다도 더 큰 성과는, 자신감이 생겼다는 점이다.

홍 대리는 제안서를 통해 신용관리에서 유지해야 할 재무제표의 중요한 세 가지 숫자, 즉 자산관리, 현금관리, 손익관리를 개발해 각 부서별로 ERP(전사적 자원관리)에 담아 냈고, 실시간으로 계산되는 제품별 자산수익률을 자산관리의 새로운 축으로 만들었다. 또한 재고자산과 채권관리를 통한 비용 절감 기획안을 제시했으며 무엇보다 이를 성과평가에 반영시키고자 했다. 이는 앞으로 있을 노사 임금협상에서도 중요하게 다루어질 부분이었기 때문에 시사성이 있는 항목이었다.

ESG에 대해서도 준비를 한다는 의미에서 홍 대리의 제안서는 고무적이었다. 과거에는 재무제표와 공시가 주주

중심적이었지만 세계적인 기업들은 회사의 이해관계자 중심으로 바뀌는 추세였다. 기업은 주주만을 위해서 존재하는 곳이 아니라 직원과 지역사회, 국가에 대한 책임 또한 가져야 한다는 방증이었다.

주주자본주의는 근로자, 고객, 거래파트너들에게 돌아가야 할 이익이 전부 주주들에게 돌아가게 했다. 이 때문에 근로자의 생산성이 증가해도 실질임금은 증가하지 않았고, 이익이 재투자에 사용되지 못해서 기업들은 저성장 국면에 봉착하였다. 기업은 이익을 꾸준히 늘려가야 하지만 그 과정에 참여한 이해관계자들에게 제대로 이익의 분배가 이루어져야 했다. 그리고 이것이 바로 ESG의 목표였다.

홍 대리는 수익성 개선 방안에 ESG 실행지표를 만들었다. 특히 목표이익을 재투자하거나 주주들에게 분배하는 비율을 설정하였고, 목표이익을 초과하는 이익을 임직원들과 이해관계자들에게 분배하는 기준을 숫자로 명확하게 만들었다는 점에 높은 점수가 부여되었다. ESG는 재무제표상의 숫자 정보보다 더 광범위한 재무 정보를 필요로 하고 있었기에 회사는 지속가능성 관련 공시체계를 준비해야 했기 때문이다.

이 점을 해결하는 데는 마지막 수업이 도움이 됐다. 즉,

회사의 가치를 올리는 쪽으로 모든 힘이 모아져야 함에도 불구하고 실제로는 인센티브나 주주배당, 자사주매입 등이 재투자를 막고 있다는 문제점을 지적했다.

수익성 개선 방안은 홍 대리 혼자만의 생각이 아니라 홍영호 회계사를 비롯해서 오영탁 대리와 인사 담당 부서 동기, 그리고 다른 임직원들의 말과 행동이 만들어낸 결과였다. 역시 혼자보다는 함께 가야 멀리 갈 수 있는 법이다.

그러고 보니 올바른 성과평가 기준은 실제가 아닌 마음속에 존재하는 것일지도 모른다는 생각이 들었다. 성과평가에 관심을 갖지 않으면 올바른 성과평가가 이루어지지 않는 것이다.

홍현빈 대리의 손에는 이미 너덜너덜해진 홍영호 회계사의 책이 쥐어져 있었다. 신성훈 부장과 허준 회계사의 가르침은 홍영호 회계사에게로, 그리고 이제 홍현빈 대리에게로 전해졌다. 그 가르침이란 회계를 통해 기업의 경영 흐름을 볼 수 있어야 하며 경영 흐름은 하나의 목표로 모아져야 한다는 것이다. 즉, 우리가 하는 사업은 무엇이어야 하는지에 대해 임직원이 한목소리로 말할 수 있어야 한다. 홍현빈 대리는 보물을 찾고 기뻐하는 동화 속의 주인공처럼 얼굴이 환해졌다.

회계 천재가 된 홍 대리 2

초판   1쇄 발행 2007년 1월 12일
개정4판 1쇄 인쇄 2023년 10월 11일
개정4판 1쇄 발행 2023년 10월 25일

지은이 손봉석
펴낸이 김선식

경영총괄이사 김은영
콘텐츠사업본부장 임보윤
콘텐츠사업1팀장 한다혜 **콘텐츠사업1팀** 윤유정, 성기병, 문주연
편집관리팀 조세현, 백설희 **저작권팀** 한승빈, 이슬, 윤제희
마케팅본부장 권장규 **마케팅2팀** 이고은, 양지환 **책임마케터** 양지환
미디어홍보본부장 정명찬 **영상디자인파트** 송현석, 박장미, 김은지, 이소영
브랜드관리팀 안지혜, 오수미, 문윤정, 이예주 **지식교양팀** 이수인, 염아라, 김혜원, 석찬미, 백지은
크리에이티브팀 임유나, 박지수, 변승주, 김화정, 장세진 **뉴미디어팀** 김민정, 이지은, 홍수경, 서가을
재무관리팀 하미선, 윤이경, 김재경, 이보람
인사총무팀 강미숙, 김혜진, 지석배, 박예찬, 황종원
제작관리팀 이소현, 최완규, 이지우, 김소영, 김진경
물류관리팀 김형기, 김선진, 한유현, 전태환, 전태연, 양문현, 최창우
외부스태프 표지 및 본문 디자인 김혜림 **일러스트** 감작가

펴낸곳 다산북스 **출판등록** 2005년 12월 23일 제313-2005-00277호
주소 경기도 파주시 회동길 490
대표전화 02-704-1724 **팩스** 02-703-2219 **이메일** dasanbooks@dasanbooks.com
홈페이지 www.dasan.group **블로그** blog.naver.com/dasan_books
용지 스마일몬스터 **인쇄** 상지사피앤비 **코팅 및 후가공** 평창피앤지 **제본** 상지사피앤비

ISBN 979-11-306-4644-2 (04320)
       979-11-306-4639-8 (세트)